Charton Baggio
Scheneider

A Arte de Prosperar

*Como Libertar o
Gênio Financeiro
Que Existe Dentro de Você!*

ELEVE-SE A UM NÍVEL SUPERIOR
ATRAVÉS DA AQUISIÇÃO DE UMA
EXTRAORDINÁRIA QUALIDADE DE VIDA

A Arte de Prosperar

Nossos treinamentos:

CONHEÇA O MÉTODO 7PS DA LIBERDADE FINANCEIRA

WWW.METODO7PLF.COM

 # DESPERTAR, CRESCER & AGIR (imersão de 3 dias)

www.chartonbaggio.com

Para maiores informações sobre eventos e produtos de Charton Baggio Scheneider, utilize estes caminhos:

Site: www.chartonbaggio.com

Charton Baggio Scheneider

> Baggio, Charton
>
> **A Arte de Prosperar**: a revolução da mente – eleve-se a um nível superior através da aquisição de uma extraordinária qualidade de vida / Charton Baggio – 2003 - Rio Grande do Sul – Edições NeuroTech; 2016 - Paraná - Coaching Solutions.
>
> 1. Sucesso (Aspectos Psicológicos). 2. Auto-Realização (Psicologia). 3. Controle (Psicologia). 4. Mudança (Psicologia). 5. Finanças (Economia). 6. Mercado Financeiro (Economia).

© Copyright, 2016, 2019 – Charton Baggio Scheneider
Reprodução Total ou Parcial Proibida

A Arte de Prosperar

AGRADECIMENTOS

A minha mãe Noemy por ser uma eterna guerreira e sempre estar com seu colo pronto para dar apoio e aconchego.

A meu pai Antonio por ter me oferecido valores e princípios aos quais prezo.

A meus irmãos: Mário, por sua simplicidade e caráter – um ser bondoso ao qual tenho orgulho de ser meu irmão; ao Daniel, um espírito inquieto e empreendedor; e a minha irmã caçula, Dana, uma mulher lutadora como minha mãe e que tenho muito carinho e admiração.

Aos meus filhos, Nícolas meu primeiro e desejoso filho que muito me mostra e me ensina sobre o verdadeiro potencial que nós seres humanos possuímos através de suas superações. Aos gêmeos Gregory e Brenda por serem mais uma fonte de alegria e felicidade em minha vida. Meu filho Noach, meu consolo, e as Meninas que me foram presenteadas Cecília e Mariana.

A Camilla, minha esposa, companheira, amiga, cúmplice, apoiadora, minha mulher virtuosa e o presente que me foi dado por Deus, mulher sábia que sempre me deu apoio e conselhos em meus empreendimentos mesmo nas horas mais difíceis.

A todos aqueles que buscam de forma consistente atingirem novos patamares em suas vidas através da busca constante e incessante da evolução humana em todas as áreas. Para as pessoas que buscam criar para si e para os outros uma extraordinária qualidade de vida.

Que este livro seja uma fonte de inspiração a todos aqueles que estejam necessitando de um impulso especial para decolarem rumo ao sucesso ilimitado. E aos que já decolaram que este sirva de inspiração para que eles possam ajudar a outros nesta jornada.

Que a sua vida seja um constante despertar, crescer e agir. Que sua luta seja composta de pequenas vitórias ao longo da sua jornada e que cada uma delas some-se a anterior e que isto dê a você uma força extraordinária vontade de viver.

Que você possa sempre, a cada instante, **Viver com Paixão!**

– CHARTON BAGGIO SCHENEIDER

CHARTON BAGGIO SCHENEIDER

"Um dia é preciso parar de sonhar, tirar os planos das gavetas e, de algum modo, começar."

– AMYR KLINK

A Arte de Prosperar

Sumário

Agradecimentos 4
Prefácio 8
Como Se Condicionar Para Riqueza 12
   As Sete Feridas da Riqueza 16
As Três Estratégias Para Criar Riqueza Duradoura 22
Acabando Com a Auto-Sabotagem Financeira 34
Seu Projeto Financeiro Um Modelo Para a "Realidade" 37
Trabalhando Seu Projeto Financeiro 46
Projetando Seus Sonhos: Estabelecendo o Rumo 53
Revendo Seus Sonhos 58
A Distribuição de Seus Recursos 62
   Risco & Retorno – Até onde arriscar?...65
Comprando & Mantendo SEUS INVESTIMENTOS................66
Adquirindo Segurança Financeira 78
Criando a Massa Crítica Que Você Precisa...............................83
   Comprar & Manter Investimentos 83
O Modelo de Impulso 85
   Os Oito Fundamentos Chave Para Desenvolver Um Plano Efetivo..........86
Bibliografia 93

CHARTON BAGGIO SCHENEIDER

PREFÁCIO

É com grande satisfação que lhe dou boas-vindas ao *A ARTE DE PROSPERAR* e também aproveito para lhe dar parabéns por unir duas das mais simples e poderosas forças que mudam nossas vidas: *decisão* e *ação*! O fato de você ter adquirido este livro e de estar lendo-o agora mostra que você joga através da ligação delas. Esta declaração não é nenhuma mera lisonja, mas um fato absoluto. Como eu, você conhece ambas.

A maioria das pessoas tem ambições e sonhos para a vida: elas desejam mais dinheiro; uma carreira melhor; mais saúde, um corpo mais bem tratado; relacionamentos mais quentes, mais íntimos. Mas, isso é onde normalmente acabam - em esperanças e sonhos. O fato de você investir seu dinheiro, seu tempo, e sua energia para buscar uma melhora com este livro; me diz, que você é realmente um indivíduo diferente... você não é nenhuma dessas pessoas que procuram algo para nada... *você não está somente* **interessado** *em criar uma vida melhor mas está* **comprometido** *com isto*.

Os ensinamentos aqui contidos, não são nenhuma técnica mística, mas sim um conjunto prático de meios pelos quais você pode conseguir atuar neste mundo através de uma ação eficiente a despeito de qualquer medo que possa ter ou vir a ter. Acredito no provérbio que diz que você vale por aquilo que você faz, assim além de simplesmente ler estas páginas, faça (pratique) o que elas lhe propõe, estando certo de se dar alguns momentos extras todos os dias para tomar alguma ação referente aos ensinamentos encontrados em cada um dos capítulos deste livro.

A vida possui um conflito clássico: a diferença entre os nossos sentimentos mais íntimos e o que temos que realmente lidar neste mundo turbulento e inserto – em sua grande maioria das vezes é da água para o vinho. A grande maioria das pessoas vivem sob um estado hipnótico cultural que prega que é o mundo exterior quem controla suas vidas – e passam a vida sendo manipuladas pelo governo, pela situação econômica, pelo meio ambiente, pelas pessoas, etc... – ao invés de se darem conta de que a cada momento, a cada dia que passa, está repleto de oportunidades para nos tornar pessoas incrivelmente poderosas, aproveitando "as experiências que nos permitem pensar e sentir num nível mais profundo de consciência e paixão".

São nos momentos "decisivos" que nós moldamos intensamente as nossas crenças a respeito das pessoas, das oportunidades, de nossos relacionamentos, financeiras, de capacidades, de possibilidades, e assim por diante..., e desta maneira estruturamos nossas vidas para o melhor (para o bem) ou para o pior (para o mal).

Eu posso lhe prometer que a ação que você está tendo para começar (ler e praticar o que este livro contém) agora não só produzirá resultados, mas também, aumentará a qualidade de sua vida de modo que você se beneficiará pelo resto de sua vida. Como eu posso dizer isso? Porque *este livro que você está iniciando a leitura é baseado no sistema de melhoria pessoal e profissional mais bem desenvolvido.*

Por que posso lhe prometer isso com tanta confiança? A resposta é simples: **_Trabalho_**! Feito num formato informativo e divertido, permite que você possa fazer pequenas mudanças no decorrer de sua leitura a qual sugiro-lhe que seja feita aos poucos para que possa assimilar e aplicar o que cada capítulo deste livro lhe propõe, o que freqüentemente o conduzirá a volumosas melhorias mensuráveis e na qualidade das áreas mais importantes de sua vida.

Condicione Seu Sucesso

Este livro é o resultado de intensas pesquisas no decorrer de muitos anos. Do interesse em saber o qual a diferença que faz a diferença na qualidade de vida das pessoas. No por quê, que certas pessoas que possuem todas as vantagens – uma elevada educação, amor abundante da família, apoio financeiro e uma riqueza de oportunidade – acabam se tornando viciadas em drogas, enquanto outros com aparentemente nenhum recurso e virtualmente todo desafio imaginável – falta de educação, nenhum apoio financeiro ou familiar, retrocessos emocionais e físicos – não só criam prosperidade, mas fazem uma profunda diferença em suas vidas? Como é que algumas pessoas que partem eventualmente do nada, dão tremendas contribuições para o mundo, nos inspirando e nos fazendo lembrar de tudo aquilo que a alma humana realmente pode fazer?

As pesquisas para este livro, começaram a muito tempo, por meio da observação dos padrões de sucesso e dos padrões de fracasso, padrões de realização e padrões de frustração. Começou-se então, a se perceber que o *sucesso deixa pistas*.

Através da modelagem desses que já estavam tendo sucesso – esses que constantemente adquirem grandes recompensas financeiras, são felizes e realizados, possuem uma saúde física radiante, desfrutam de relações pessoais profundas e duradouras aparentemente sem esforço, e acordam diariamente com abundância de energia e excitação para vida. Ficou evidente que certos hábitos realmente faziam a diferença. Mas até mesmo depois de descobrir estes, percebeu-se a dificuldade de aplicá-los... *até que concebeu-se a idéia de Condicionar o*

Sucesso, e assim, se criou um sistema que poderia fazer a qualquer um a desenvolver esses hábitos. A síntese destes estudos se encontra nas páginas deste livro que agora lhe pertence.

Desenvolva o Impulso Que Produz Resultados

Agora que você adquiriu este livro, tenha certeza de que você o usará, e entre em ação imediatamente. Quando você o concluir, você saberá por que este programa faz a diferença na vida das pessoas. (A propósito, você poderá voltar a qualquer momento a qualquer capítulo que achar necessário, quando quiser fazer novas mudanças, e poderá ainda compartilhar estes conhecimentos, presenteando sua família e amigos, com um exemplar deste livro, com isto, lhes ajudando a fazer mudanças como as suas!)

Aplicando os conhecimentos aqui contidos, você poderá dobrar ou até mesmo triplicar sua renda... elevar o grau de seus estudos... fazer inovações e alcançar prêmios nos esportes... fazer com que seus filhos saiam das drogas... lidar com um nível mais elevado de desafios... ansiar por uma sensação mais profunda de significado e realização na vida. Você também poderá experimentar eventos gratificantes. Usando dos conhecimentos aqui contidos, você não só superará seus desafios físicos e emocionais, mas em última instância transformará sua vida.

Este livro **poderá** *fazer uma enorme diferença em sua percepção, atitudes, ações, e resultados.* Este não é apenas um aglomerado de letras numa folha de papel em branco – como muitos o são; é sim, um processo de desenvolvimento de um novo jogo de hábitos mentais e emocionais por se aplicar seus conhecimentos no seu dia-a-dia, todos os dias que os mudará para sempre.Impulsione-se para Novos Níveis de Realizações e Conquistas

O livro que você está segurando agora, **A ARTE DE PROSPERAR**, é um livro que não só o apoiará na busca do sucesso, mas o fará experimentar o nível de realização que você merece. Muitas pessoas só alcançam suas metas para se descobrirem dizendo-se, "Isto é tudo o que há?"

Use Seu Poder Pessoal

Assim comecemos agora. Investindo neste livro, você deu o primeiro passo para unir-se aos que fazem versus os que falam muito. Agora é o momento da verdade. Dê o próximo passo e o mais importante: *Comesse a usar de fato e beneficiar-se deste livro.* Tome seu lugar entre os poucos seletos que não apenas pensam em um futuro melhor, mas estão fazendo algo simples e poderoso agora que faz uma diferença. Una-se aos atletas premiados, pais excelentes, executivos bem sucedidos, e as pessoas de todas as áreas que a cada dia tornam suas vidas verdadeiras e usam o seu Poder Pessoal para obter o sucesso.

Quando você completar sua leitura, eu apreciaria muito se você mantivesse contato comigo. Eu adoro ler as cartas das pessoas que compartilham comigo suas histórias de sucesso pessoais. Ou venha e se una a um de meus eventos! Eu incluí como forma de bonificação por sua iniciativa um certificado no valor de R$50,00 (cinqüenta reais) que você pode usar como parte de seu investimento para quaisquer de meus eventos de múltiplos dias. Este é meu presente para dizer *obrigado* por seu compromisso óbvio para o sucesso vitalício.

Esta é a forma que tenho para lhe agradecer por estar tentando adquirir uma extraordinária qualidade de vida, e quem sabe, em breve nós podemos estar juntos, onde poderá esclarecer suas dúvidas e onde poderá usufruir do que eu tenho para lhe mostrar sobre como aumentar ainda mais o seu potencial rumo a realizações extraordinárias em sua vida e na vida daqueles que lhe estão próximo, e com isto, juntos, nós todos poderemos transformar este mundo, num mundo ao qual as pessoas queiram realmente pertencer, participar e colaborar.

Eu adoraria o conhecer pessoalmente! Assim comecemos esta jornada excitante juntos, e demos o primeiro passo para libertar o *seu* Poder Pessoal. Até que nós nos encontramos pessoalmente, lembre-se de **viver com paixão**!

"A vontade de algumas pessoas faz milagres..."
– AMYR KLINK

www.metodo7plf.com

COMO SE CONDICIONAR PARA RIQUEZA

O que é? O que não é? E como ter mais?

Pessoas como Warren Buffett e George Soros usaram seus conhecimentos de história, psicologia e comportamento social para ganhar dinheiro. Você pode condicionar sua mente para atrair – e manter – toda a riqueza você queira e merece.

A riqueza é o resultado de avaliações eficazes, bem o diga Warren Buffett, que utiliza-se de uma poderosa metáfora aprendida com seu amigo e mentor Bem Graham e descrita por James Hansberg, *A Guide to Excellence in Investing*, 1976 e por Buffett no Relatório Anual Berkshire, 1987 – ao qual Anthony Robbins utiliza para dar como exemplo de como se fazer avaliações eficazes.

"[Como uma metáfora para acompanhar as flutuações no mercado, trate de imaginá-las] como partindo de um sujeito extremamente amoldável, Mister Mercado, que é seu sócio num empreendimento particular... As cotações de Mister mercado são qualquer coisa menos (estáveis). Por quê?

Pelo lamentável motivo do pobre coitado sofrer problemas emocionais incuráveis. Às vezes ele se sente eufórico, e só podemos perceber os aspectos favoráveis que afetam o negócio; e quando ele se encontra nesse ânimo, fixa um preço de compra e venda muito alto, porque receia que você possa abocanhar seus interesses, e privá-lo de ganhos iminentes. Em outras ocasiões, ele fia deprimido, e só vê problemas à sua frente, tanto para o negócio quanto para o mundo. Quando isso acontece, ele fixa um preço muito baixo, pelo pavor de que você descarregue tudo em cima dele... Mas, como Cinderela no baile, você precisa dar atenção a um aviso, ou tudo se transformará em abóboras e camundongos. **Mister Mercado está ali para servi-lo, não para guiá-lo.** *É sua carteira, não sua sabedoria, que será útil para você. Se ele aparecer algum dia numa disposição particularmente absurda, você tem toda a liberdade* *para ignorá-lo, ou para se aproveitar desse comportamento, mas será desastroso se cair sob a sua influência.* **Na verdade, se você não tem certeza de que compreende e pode valorizar seu negócio muito melhor do que Mister Mercado, então pertence ao jogo."**

Dinheiro! É uma idéia e uma palavra poderosa — que competem para proeminência com Deus e Amor nos vocabulários emocionais de muitas pessoas. Dinheiro é um dos assuntos dos mais carregados de emoção em nossas vidas. A maioria das pessoas estão dispostas há deixar coisas que são muito mais valiosas que isto para adquirir mais disto. Elas se arremessarão além de suas limitações passadas, deixarão de estar com suas famílias e amigos, ou até mesmo destruirão sua saúde.

É uma fonte associada a dor e ao prazer dentro de nossa sociedade, freqüentemente mede a diferença na qualidade de nossas vidas, e separa os que têm daqueles que não o têm. Algumas pessoas tentam lidar com o dinheiro achando que este não importa (não é importante), mas a pressão financeira ainda é algo que as afeta diariamente. Especialmente para os mais velhos, uma falta deste se traduz freqüentemente em uma falta de recursos críticos.

Para alguns, o dinheiro exerce um mistério. Para outros, é a fonte dos desejos, planos de orgulho ou desprezo. O que ele é realmente? O fabricante de sonhos? Um meio a ser utilizado para apoiar aqueles que necessitam? A raiz de mal? Produtor de possibilidades? Uma ferramenta? Uma arma? Uma fonte de liberdade? Poder? Segurança?

Você e eu sabemos (intelectualmente) que ele não é nenhuma destas coisas. Nós "entendemos" que é somente um meio de troca, um modo de simplificar o processo de criar, transferir e compartilha valor dentro de uma cultura ou sociedade. É uma conveniência que nós criamos para o crescimento da sociedade, uma forma que nos permite especializar nossa vida pelo trabalho, e nos livra do laborioso tempo que consome e processa a imprecisão da troca. Como diz Warren Buffett, *"O dinheiro é um subproduto de fazer extremamente bem alguma coisa que gosto de fazer."*

Ainda ao longo dos tempos, o dinheiro se tornou algo mais. Ele não é simplesmente um meio de troca de valores entre as pessoas. Você necessita ter atitude com relação ao dinheiro se você quiser ser "feliz" e "seguro". Embora somente seja um pedaço de papel sem real valor do que de seu próprio, o dinheiro convencionou-se em todos os lugares do mundo como uma fonte de valor. A cédula ou moeda ou ainda o cheque pode ser traduzida em todas as necessidades fundamentais da vida: comida, bebida e abrigo. Pode ser convertido nos símbolos que representam realização e orgulho, ou usado como uma ferramenta para medir o crescimento e expansão. Pode ser usado para dar escolhas, recursos e confortar a outros.

O dinheiro se tornou o cerne da riqueza mundial. Sem este – e os sistemas econômicos e organizações financeiras que crescem deste – as esteiras das da indústria parariam e sucumbiriam, o comércio fecharia e a sociedade como nós conhecemos se estilhaçaria. O homem voltaria a uma batalha primitiva de sobrevivência durante dia-a-dia, dependente de que cada indivíduo ou grupo pudesse crescer pessoalmente, caçar ou produzir.

Nós aprendemos a associar algumas de nossas mais potentes e debilitantes emoções para uma escassez deste artigo: ansiedade, frustração, temor, insegurança, preocupação, enfurecimento, humilhação, subjugar, depressão, para nomear apenas alguns. Sistemas políticos foram tombados pela pressão associada a privação financeira (como nós estamos testemunhando agora diariamente nos países comunistas da Europa Oriental). Que país, que corporação cuja vida pessoal não foi tocada ou "foi podada" pela experiência da tensão financeira?

Muitas pessoas cometem um engano por pensarem que todos os desafios em suas vidas desapareceria se eles já tivessem muito dinheiro. Não poderia haver nenhuma mentira maior – pergunte para os "John Belushis" do mundo. A única mentira que poderia se igualar a esta, seria de se dizer que aquela maior liberdade financeira não lhe ofereceria até mesmo maiores oportunidades, partilhando e criando valor para si e para os outros.

Eu exponho isto simplesmente porque eu desejo saber se você é como eu. Durante anos sem perceber isto, eu enfoquei no "verdadeiro" sucesso. E eu fiquei próspero (quer dizer, eu consegui ampliar as qualidades de minha vida constantemente) em minhas relações, em minha saúde física, em minha relação com meu Criador, em minhas capacidades intelectuais e mentais. Ainda assim uma área permaneceu constante: a financeira. Raramente moveu-se, e quando o fez, normalmente se mudou para a direção errada. Mas não importa – afinal de contas, isso não é sobre a vida, não é? Não era até que eu bati no ombro direito da dor a cerca de seis anos atrás quando eu comecei a perceber o que eu estava fazendo não criava abundância nesta área de minha vida consistentemente com todas as outras áreas.

Era incongruente para mim ser uma pessoa de possibilidades, querendo que minha vida fosse um exemplo do que os seres humanos eram capazes, e estando estressado com o fato de muitas e muitas vezes não ter dinheiro para pagar minhas contas! Este foi o ano que eu mudei tudo em minha vida. De repente eu comecei provei a mim mesmo que podia começar a criar crescimento agora também no mundo financeiro tão poderosamente quanto eu tinha em meu mundo emocional. Isto não me fez apenas ganhar mais dinheiro – criou até mesmo maiores avaliações sobre todos os aspectos de minha vida e me fez querer compartilhar a experiência com os outros.

Porém, durante os últimos seis anos eu aprendi que aquele dinheiro a mais não cria liberdade financeira. O mundo está cheio de milionários, estrelas do cinema e heróis do esporte que hoje estão sem dinheiro. A sua ignorância em fazer distinções financeiras os roubou a habilidade para viverem livres da tensão financeira. Eu também aprendi que aquela **aprendizagem por sua própria conta pode ser muito caro.** Como resultado, nos últimos anos eu comecei a modelar alguns dos grandes personagens (pessoas) do mercado financeiro, como eles avaliam e tomam decisões financeiras. As suas respostas sobre o que os leva à construir riqueza sistematicamente duradoura me serviram imensamente. Estas estratégias são o enfoque desta seção, como também a base de meu seminário Excelência Financeira.

Me deixe lhe fazer uma pergunta: quando foi a última vez que você experimentou tensão financeira? Para a maioria das pessoas, embora o seu nível de renda, a resposta seja "não há muito tempo". Este normalmente aumenta no mês de abril, especialmente próximo ao meio do mês! Talvez uma pergunta melhor para se fazer é, **quando em sua vida você se lembra de estar completamente sem tensão financeira?**

Por que tantas pessoas não alcançam a abundância financeira onde oportunidade financeira nos cerca literalmente a todo momento? Em nossa volta há modelos de possibilidade incríveis, as pessoas que conhecem como criar riqueza e mantê-la. O que é que nos drena e nos impede de conseguir riqueza em primeiro lugar?

As Sete Feridas da Riqueza

"Riquezas não consistem na possessão de tesouros, mas no uso feito deles."
– Napoleon

Como pode se estar e morar em um país capitalista onde temos como primeiro artigo de nossa Constituição[1] tem entre seus fundamentos *"a dignidade da pessoa humana; os valore sociais do trabalho e da livre iniciativa"*. Onde diz ainda que *"é assegurado a todos o livre exercício de qualquer atividade econômica"* e; mesmo assim 95% da população em idade de 65 anos, depois de toda vida de trabalho, não pode se apoiar sem a ajuda do Governo ou da família?

Como eu procurei as respostas para construir uma riqueza duradoura, uma coisa surgiu várias e várias vezes. **Criar riqueza é simples.** Quase todo o mundo está tentando aumentar a sua riqueza pessoal. Agindo assim, nós temos o sentimento de que nós ganharemos mais liberdade, segurança, e paz mental (sem mencionar em férias melhores, carros mais agradáveis, e uma casa bonita). Porém, a maioria das pessoas nunca constrói isto porque elas têm buracos no tecido de sua base financeira. Há estes sete modos básicos que todos nós nos sabotamos contra alcançar a riqueza financeira. Elas têm conflitos internos de planos pobres que garantem o seu fracasso financeiro. Estes métodos diferentes de auto-sabotagem são chamadas de **"Feridas das Riqueza"** que destroem as suas finanças.

Estas "feridas" criam uma sangria financeira até mesmo para aqueles que conseguem começar a criar uma riqueza significativa. Quanto mais duro uma pessoa trabalha para construir sua riqueza, o mais rapidamente estes elementos agem para sabotar seu sucesso financeiro. As feridas da riqueza nunca são as sete principais razões pelas quais a maioria das pessoas fracassam financeiramente. No entanto, altere-as e a fundação para sua riqueza financeira será posta.

A seguir, você saberá quais são os **sete modos básicos que nos sabotam nossos esforços para alcançar a riqueza financeira**, e como os superar. Aqui está como as conquistar!

---

[1] Constituição da República Federativa do Brasil, 1988 – Ediouro, Rio de Janeiro, RJ, 1988.

CHARTON BAGGIO SCHENEIDER

Os 7 Pensamentos Que Muitas Pessoas Nunca Deveriam Ter Sobre Suas Finanças:

1. Muitas pessoas associam pensamentos negativos para com a obtenção e/ou com o guardar dinheiro. **Mude suas associações negativas sobre o dinheiro.**

   A primeira das Feridas da Riqueza, a razão número um pelo qual a maioria das pessoas não conseguem sucesso financeiramente, não é que eles não possam ganhar dinheiro ou que elas não possam economizar, mas simplesmente porque *elas associam significados negativos ao ter uma abundância de capital.*

   Elas têm associações negativas principalmente ao ter "capital em excesso", quando na realidade pode prover a liberdade para criar o que elas quiserem para suas famílias, amigos, e para si mesmas. Tantas pessoas dizem que querem abundância financeira porque lhes trará "liberdade", ou "segurança", ou "felicidade", mas elas conscientemente ou subconscientemente a associam ao "trabalho duro", tendo "menos tempo para a sua família", mais "responsabilidade", "ser superficial", ao ter muito dinheiro.

   Pior ainda – elas condenam os outros que têm riqueza e têm maravilhas por que elas não podem atrair isto para si mesmas! Com isto, elas estão enviando mensagens contraditórias ao seu cérebro, e o cérebro não sabe o que fazer quando associa prazer e dor ao mesmo incentivo – ficando imobilizadas, ou sabotando seus esforços.

   Um dos primeiros elementos em nosso seminário Excelência Financeira é descobrir que, se qualquer, destas associações negativas ou misturadas existem dentro das pessoas. Se estas associações estão conscientes ou subconscientes, elas ainda fazem o seu trabalho mortal. Se você não as clarificar, ter um longo sucesso financeiro será somente um sonho: trocar estas associações é o melhor seguro financeiro que você pode ter.

   Para ter riqueza financeira duradoura, você tem **que mudar as associações que você faz em seu sistema nervoso.** Você não pode ter riqueza duradoura se você unir dor e prazer ao tê-la.

   Praticamente tudo o que nós fazemos na vida ou envolve afastar-se da dor ou o buscar o prazer. Muitos de nós temos subconscientemente associações negativas referente ao dinheiro — este é um mal de herança, por exemplo. Você tem que perceber primeiro que não há nada de errado com ter dinheiro, e então você estará no caminho a atingindo isto.

   Warren Buffett é uma pessoa que acredita que *"temos mais a ganhar estudando os fracassos empresariais do que os sucessos. É costume, nas faculdades de administração, estudar* os casos de sucesso. Mas meu sócio, Charles Munger, firma que tudo que quer saber é onde morrerá – para jamais ir até lá."[2]

2. Muitas pessoas consideram que não devem guardar *muito* dinheiro. **Faça do criar riqueza um dever absoluto.**

A segunda Ferida da Riqueza que escoa a oportunidade financeira das vidas da maioria das pessoas é o fato que a *maioria das pessoas nunca fazem da abundância de dinheiro um imperativo absoluto em suas vidas.* A coisa mais interessante sobre seres humanos é que nós sempre adquirimos o que nós temos que ter; nossos "imperativos" sempre são conhecidos.

O problema é que para a maioria das pessoas, os seus "imperativos" estão pagando as contas. Até mesmo nos dias mais difíceis, a maioria de nós acha um modo para saber quais são seus "deveres" e quais são suas obrigações. Para se tornar realmente rico, financeiramente – tendo muito mais dinheiro que você precisa absolutamente no seu dia-a-dia ou mês-a-mês – isto têm que se tornar importante para você como pagar seu aluguel mensal. Você precisa fazer do dinheiro uma prioridade, e então dirigir isto!

Faça do dinheiro uma prioridade em sua vida. A filosofia de Buffett salienta bem este princípio, *"Regra nº 1: Nunca perca dinheiro..."* diz ele, *"...Regra nº 2: Nunca esqueça a Regra nº 1."* Muitas pessoas se sentem que elas gostariam de estar financeiramente seguras, mas elas nunca se fixam conscientemente em alcançar aquela meta. Para ficar mais rico você tem que decidir primeiro ficar ativamente mais rico.

A cura para a segunda Ferida de Riqueza é começar por fixar em sua mente uma quantia de dinheiro (de preferência em dólar) que você representa abundância total. Como você pode alcançar a sua meta de ser financeiramente independentes para sempre? O primeiro passo para fazer da abundância um "imperativo" é definir a quantia.

Você tem que fixar, não só em sua mente mas no papel, uma quantia de dólares que esteja bem além do que sejam suas necessidades absolutas, que você tem que ter todo mês para fazer investimentos e construir sua liberdade financeira eventual.

Além disso, você tem que decidir realisticamente de quanta renda precisaria anualmente para você estar financeiramente seguro e livre. Lembre-se, **clareza é poder.** Com a definição de independência financeira, você deu o passo para alcançar esta. Eu não estou dizendo que você deva fazer do ganhar seu dinheiro seja tudo ou o fim de tudo, mas **você tem que ter uma representação clara da abundância financeira que você está comprometido a ter em sua vida.**

---

[2] LOWE, Janet, *Warren Buffett: dicas e pensamentos do maior investidor do mundo*, Editora Campus, RJ, 1998.

3. Muitas pessoas acham que não necessitam de uma estratégia efetiva para criar riqueza. **Desenvolva uma estratégia.**

A terceira ferida pela qual as pessoas nunca ficam financeiramente independentes é que elas ou não *têm nenhum plano ou elas têm uma estratégia ineficaz para construir riqueza em primeiro lugar.*

A maioria das pessoas não tem nenhum plano para sua independência financeira, e há algumas que normalmente tem um plano fundamentado sobre falsas convicções de que o único modo para se ficar rico é ficar no batente durante a noite, ganhar na Loteria, obter uma dica quente de investimento de um amigo e fazê-la grande. Simplesmente não é verdade. Com compromisso, tempo, e uma pequena quantia de dinheiro, e o uso do interesse combinados, qualquer um pode ficar rico pelo poder da progressão geométrica. Mas você pode observar, que destes quatro, três não custa nada para você!

Uma vez mais, você tem que determinar um plano conscientemente; decidindo que querer mais dinheiro não é o bastante. Você tem que agir — e igualmente escrever — exatamente como você deseja alcançar sua meta. Decidindo até mesmo uma estratégia muito básica que lhe ajude a pressentir, e então alcançar, sua meta final. *"Considero básico três idéias que, se estiverem realmente enraizadas em sua estrutura intelectual, não vejo como não ter sucesso..."* diz Buffett, citando Benjamin Graham sobre o mercado de ações, *"...Nenhuma delas é complicada. Nenhuma exige talento matemático ou qualquer outro talento especial. Graham disse que as ações devem ser consideradas pequenos elementos da empresa. Analise as flutuações do mercado como um amigo, e não como um inimigo – lucre sem participar do negócio."* E *(no último capítulo de The Intelligent Investor) ele disse que as três palavras mais importantes em investimentos são 'margem de segurança'. Acho que essas idéias, daqui a cem anos, ainda serão consideradas as três pedras fundamentais do investimento sólido."*[3]

Warren Buffett sugere que se use ferramentas certas quando se é um investidor independente, diz ele, *"É preciso saber como sua empresa funciona, conhecer a linguagem (contábil) dela, envolver-se com o assunto e ter o temperamento adequado – talvez mais importante do que os pontos de QI. Isso permitirá que você pense de forma independente, evitando as várias formas de histeria em massa que infectam periodicamente os mercados de investimentos."*[4] Segundo ele, como cita Janet Lowe, compreender os fundamentos da contabilidade é uma forma de autodefesa, ao qual Buffett diz que, *"Quando querem lhe explicar os números da empresa os gerentes podem fazer isto dentro das regras da contabilidade. Infelizmente, quando querem escondê-los, pelo menos em alguns setores, também podem fazer isso dentro das regras da contabilidade. Se não conseguir reconhecer as diferenças, não entre no negócio de ações."*

---

[3] LOWE, Janet, Op. Cit.
[4] LOWE, Janet, Op. Cit.

Desenvolver o plano certo é uma distinção crítica, que merece discussão detalhada. [Veremos este assunto um pouco mais detalhadamente abaixo] Mas uma coisa que eu quero deixar absolutamente claro agora é que: se você quer ter êxito financeiramente, **você tem que pensar em sua vida pessoal como um pequeno negócio**. Para ter sucesso, você tem que ganhar bastante dinheiro de forma que ao término do ano, você não só cobriu suas despesas e sobreviveu, mas você teve um lucro para investir. Em um negócio se você nunca tem um lucro e apenas sobrevive, você sabe que tem problemas, e o mesmo é verdade em sua vida financeira pessoal.

4. Muitas pessoas acham que falharão se seguirem consistentemente um plano financeiro. **Entre em ação com sua estratégia.**

Muitas pessoas cometem o engano de tentar algo uma vez, e se rendem então. Alcançar qualquer coisa em vida, seja dinheiro ou alguma outra meta desejada, necessita de persistência. Se uma porta não abre, bata novamente! (Ou acha uma chave!) *"O risco está em não saber o que você está fazendo"*, diz Buffett.

5. Muitas pessoas confiam demasiadamente em *"experts"*. **Busque conselho, mas não confie cegamente nisto.**

Seria tolice e sua parte não procurar opiniões de outras pessoas. Afinal de contas, todo o mundo tem experiências diferentes, e se você for inteligente, você aprenderá com elas... e poderá ensinar então para outros como evitar os seus enganos.

Decida em que opiniões você confia, e busca a ajuda. Com bem diz Buffett, sobre o grau de atenção que presta às recomendações dos especialistas: *"Nunca pergunte ao barbeiro se você precisa cortar o cabelo."* Buffett diz ainda que nós precisamos *"pensar por conta própria"*.

Muitas pessoas se tornam financeiramente complacentes. **Jamais se torne complacente — reinvista continuamente.**

Um dos enganos fundamentais que as pessoas fazem em termos de sucesso financeiro é que elas têm sucesso até um certo ponto, e então deixam de tentar avançar em suas metas. Não use seu sucesso inicial como um fim para si mesmo, mas como encorajamento positivo para continuar evoluindo.

"A maior parte de nosso grandes investimentos em ações será mantida por muitos anos;..." diz Buffett, *"...a classificação de nossas decisões de investimentos será baseada nos resultados das empresas nesse período, e não nos preços em um determinado dia. Seria tolice concentrar-se em possibilidades de curto prazo quando se adquire toda uma empresa, assim como não faz sentido fixar-se na perspectiva de lucros a curto prazo quando se compra pequenas partes de uma empresa, por exemplo, ações ordinárias comercializáveis."*[5]

6. Muitas pessoas permitem crises financeiras e acabam transformando-as em ruína financeira. **Não deixe nenhuma perda financeira se transformar em ruína — nunca se renda financeiramente!**

Muitas pessoas passam por tempos ruins na vida. Quando a má sorte ameaça virar o barco de seu bem-estar financeiro, apenas continue remando! Lembre-se: muitas pessoas têm que começar do nada. Não há nada que você não possa superar. *"Não é o endividamento em si que sobrecarrega o indivíduo, a empresa ou o país..."* disse Buffett, *"...Ao contrário, é o aumento contínuo da dívida em relação à renda que causa problemas."*[6]

Você pode usar qualquer ferramenta que queira deste livro para sanar estas sete "feridas da riqueza". A seguir você verá...

---

[5] LOWE, Janet, Op. Cit.
[6] LOWE, Janet, Op. Cit.

AS TRÊS ESTRATÉGIAS PARA CRIAR RIQUEZA DURADOURA

Para criar a abundância financeira (condicionar-se para riqueza) que você quer, você precisa incluir (desenvolver) três tipos de estratégias para sua vida financeira – a estas eu chamo de "Os Fundamentos da Riqueza":

Estratégia #1: A Capacidade de *Atrair* Riqueza Para a Sua Vida

Este primeiro fundamento trata da capacidade de ganhar mais dinheiro do que em qualquer outra ocasião. Para isso, você precisa descobrir como atrair dinheiro para sua vida em primeiro lugar – como criar aquela renda inicial que você precisará adquirir para começar seu futuro financeiro. Este é o primeiro fundamento da riqueza – aprender a ser mais valioso.

A chave da riqueza é aprender a ser mais valioso do que você o é agora. Para isto, você necessita adquirir melhores habilidades, mais capacidades, aprimorar sua inteligência, seu conhecimento especializado, seu talento para fazer as coisas que poucas pessoas podem fazer, ampliar sua criatividade e contribuir em escala.

Se você conseguir fazer isto, você poderá ganhar mais dinheiro do que jamais julgou ser possível conseguir. Como bem diz Anthony Robbins, *"o meio mais poderoso e importante de expandir seus rendimentos é projetar um meio de acrescentar sistematicamente um valor concreto às vidas das pessoas, e assim você irá prosperar."*

A auto-educação é um fator muito importante dentro deste processo, por isso, lembre-se de procurar todos os dias, a expandir seu conhecimento, suas habilidades e suas capacidades de dar mais. A pergunta básica que você deve fazer a si mesmo é:

- *Como posso ajudar a envolver mais vidas?*
- *Como posso faze-lo num nível mais profundo?*
- *Como posso melhorar a qualidade do produto ou serviço?*

Ou seja, *quais são os novos recursos que você pode usar para acrescentar mais valor aos outros?* Um dos meios mais poderosos de se acrescentar valor encontrado por pessoas como Sam Walton[7], foi o de **criar riqueza pela distribuição**, e; o tornou um dos homens mais ricos dos Estados Unidos. Ou como exemplo brasileiro a pessoa de Silvio Santos com seu "Baú da Felicidade".

Tom Peters, em seu livro "Tempos Loucos exigem Organizações Malucas", nos coloca alguns passos referentes a cadeia de "valorizações", entre eles:

"(1) um produto (objeto maciço) [eu diria mais – algo intangível "também"] ...

...(2) incorpore inteligência ao produto [ou serviço]...

...(3) embrulhe serviço em torno do produto...

...(4) distribua...

...(5) estenda os serviços de distribuição... [e por último;]

...(6), ofereça serviços por empreitada."

Peters sugere que se imagine a coisa da seguinte maneira: "Produto aprimorado = produto + inteligência incorporada + pacote de serviço + distribuição + serviços extras de distribuição + programa de administração por empreitada."

Anthony Robbins teve o seu salto de prosperidade quando elaborou as duas seguintes perguntas, as quais eu sugiro que você as responda também – caso se interesse em ser realmente próspero:

- *Como posso alcançar mais pessoas do que nunca antes?*
- *Como posso alcançar pessoas **enquanto eu durmo**?*

O acréscimo de valor cria riqueza, mas acrescentar valor não é simplesmente *criar* novos produtos; é preciso *encontrar um modo que garanta que mais e mais pessoas possam experimentar um aumento na qualidade de suas vidas*. A fórmula para isto é simples, basta se perguntar: "**Como eu posso acrescentar mais valor a qualquer ambiente em que me encontre?**" No ambiente de trabalho, você deve se perguntar: "Como eu ganhei ou poupei dinheiro para minha empresa nos últimos doze meses?"

Estratégia #2: *Administrar* Sua Riqueza

Depois que você já conta com uma estratégia eficaz para acumular riqueza, onde você consegue realmente ganhar muito dinheiro, a questão é, como **administrar** seu dinheiro? Ao contrário da opinião popular, não se pode manter

---

[7] Veja a história de Sam Walton no primeiro volume desta série – Desperte Seu Gigante Interior.

uma riqueza, simplesmente por continuar a ganhar mais dinheiro. Todos nós já ouvimos falar de pessoas famosas que ganharam fortunas e as perderam da noite para o dia. Assim, **você precisa saber administrar aquele dinheiro de forma que você possa investi-lo**, e adquirir dinheiro para ser seu criado em vez de você ser um escravo de seu dinheiro. Aqui entram os fundamentos de *manter*, *aumentar* e *proteger* sua riqueza.

Fundamento #1 – *Manter* sua riqueza:

Só há um meio de manter a sua riqueza, e é muito simples: *gaste menos do que você ganha, e invista a diferença.* [8] Este pode até não ser um princípio muito atraente, no entanto, ele é com certeza o *único* meio de garantir a riqueza a longo prazo. Jamais tome suas decisões financeiras no *curto prazo*, ao invés disso as tome no *longo prazo*. Quando as pessoas optam pelo curto prazo, mesmo as que possuem um nível elevado com freqüência acabam ficando "quebradas", pois elas não possuem um plano definido de despesas, e muito menos um plano de investimentos consistente. Elas estão a caminho das cataratas do Niágara.

O único meio possível de acumular riqueza é determinar uma porcentagem específica dos seus ganhos para investir todos os anos, como uma prioridade. Tire dez por cento de tudo o que ganha e invista na mesma hora em que receber o dinheiro. Também é de extrema importância que você controle os seus gastos. **Não faça um orçamento; CRIE um Plano de Gastos.**

Fundamento #2 – *Aumentar* sua riqueza.

A fim de se tornar rico, **você deve gastar menos do que ganha, investir a diferença, e reinvestir os lucros para um crescimento adicional**; é assim que nós podemos conseguir isto! Este acúmulo adicional criará o que chamamos de "Massa Crítica", que o libera da necessidade de trabalhar. Warren Buffett chama isto de alocar bem seu capital, ao qual para ele uma das vantagens de ser proprietário de uma empresa, ao invés de se ter algumas ações dela, é que isto nos dá a possibilidade de reinvestir eficientemente os lucros, mesmo que isso signifique aplicar os fundo em um setor diferente do que você atua.

---

[8] Reporte-se ao capítulo referente as Cinco Chaves Para a Prosperidade e Felicidade no segundo volume desta série – Desperte Seu Gigante Interior.

Fonte: *Compton's NewMedia*

Deixe-me oferecer-lhe uma metáfora simples e dramática sobre a multiplicação financeira, ao qual você poderá observar a força da capitalização dos juros. O exemplo que quero lhe dar é simples, apenas imagine que você pega um guardanapo de pano que tenha digamos a espessura de 1/16 centímetros e o dobra-lo você terá a espessura de 1/8 centímetros (na primeira dobrada), na segunda você terá 1/4 centímetro, na terceira terá 1/2 centímetro e na quarta dobrada você têm um guardanapo medindo 1 centímetro de espessura. A questão é a seguinte: Quantas vezes você precisará dobrar este guardanapo para que ele tenha uma espessura suficiente para alcançar a lua? Espere, você não precisa correr para uma enciclopédia para saber a que distância nós estamos da lua, eu facilitarei isso para você! Nós estamos a uma distância de 384.393 quilômetros de distância dela. Por mais espantoso que possa parecer, na quadragésima dobra que fizer no guardanapo, você já terá ultrapassado a lua [VEJA O QUADRO ABAIXO]. E, na qüinquagésima vez que você dobra-se o guardanapo (teoricamente), você já teria uma espessura suficiente para ir e voltar mais de mil e oitocentas vezes! Isso não é surpreendente? Pois bem, é exatamente assim o poder da multiplicação – e; infelizmente, a grande maioria das pessoas, não compreendem que uma pequena quantia multiplicada através do tempo pode valer uma fortuna – incalculável!

#X	Dist.	#X	Dist.	#X	Dist.	#X	Dist.
4	0,01	16	40	28	167.772	40	687.194.767
5	0,02	17	81	29	335.544	41	1.374.389.535
6	0,04	18	163	30	671.088	42	2.748.779.069
7	0,08	19	327	31	1.342.177	43	5.497.558.139
8	0,16	20	655	32	2.684.354	44	10.995.116.278
9	0,32	21	1.310	33	5.368.709	45	21.990.232.556
10	0,64	22	2.621	34	10.737.418	46	43.980.465.111
11	1,28	23	5.242	35	21.474.836	47	87.960.930.222
12	2,56	24	10.485	36	42.949.672	48	175.921.860.444
13	5	25	20.971	37	85.899.345	49	351.843.720.888
14	10	26	41.943	38	171.798.691	50	703.687.441.776
15	20	27	83.886	39	343.597.383	...	...

QUADRO REFERENTE EXEMPLO DO GUARDANAPO E A DISTÂNCIA A LUA

A ARTE DE PROSPERAR

Em *How to Be Your Own Investment Counselor*, Dick Fabian revere-se as evidências que indicam que os investidores – os investidores em qualquer coisa – não ganham dinheiro por causa de vários motivos, entre eles Fabian relata:

"# *Não fixar um objetivo;*

Optar por investimentos de moeda;

Confiar nas informações da imprensa financeira;

Aceitar às cegas conselhos de corretores ou assessores financeiros;

Cometer erros emocionais, e assim por diante."

> *"A contribuição genuína torna a vida mais rica, e por isso não se limite a acrescentar valor apenas pelo ganho pessoal"*
> – Anthony Robbins

Lembre-se: **sem um plano de investimentos definido, você acabará por sofrer um fracasso financeiro.** E aqui entra o...

Fundamento 3 – *Proteger* sua riqueza.

Essa filosofia de proteção de seu patrimônio não visa tentar evitar as dívidas legítimas, mas apenas se proteger contra ataques frívolos. Lembre-se de que *a melhor política é a honestidade*. "O risco..." diz Buffett, "*...está em não saber o que você está fazendo.*"[9]

Adquira seu dinheiro para que possa ganhar mais dinheiro, assim não irá tomar mais de seu tempo e esforço físico, e você pode começar a alavancar-se. Quando isto acontece, você só pode trabalhar porque você quer, porque você está ganhando sua renda além de seus recursos líquidos até mesmo enquanto você dorme.

Estratégia #3: *Partilhar* Sua Riqueza

Partilhar seu dinheiro, desejando obter uma tremenda alegria. **Você precisa desenvolver estratégias sobre como compartilhar seu dinheiro de forma que isto lhe dê uma tremenda quantia de alegria.** Para mim, isso é crítico, caso contrário por que você vai continuar adquirindo

---

[9] LOWE, Janet, Op. Cit.

este? Seu cérebro tem que unir prazer para fazer e administrar seu dinheiro, ou não continuará trabalhando para isto.

Coisas como dar para você mesmo são fabulosas e você definitivamente deve se recompensar, mas se você pode aprender a compartilhar sua abundância financeira com outras pessoas, isto realmente lhe dará todos esses sentimentos aprazíveis que você quer e mais. Este é o princípio do *desfrutar da sua riqueza*. Você necessita compreender que *o dinheiro não é um fim, ele é um meio*. Se não vincular um certo nível de prazer a criar valor e ganhar dinheiro, nunca conseguirá mantê-lo a longo prazo. Lembre-se ainda, que *a verdadeira riqueza é uma emoção: é um senso de abundância absoluta.*

Uma vez que você desenvolveu um plano para desenvolver riqueza a única coisa que você vai precisar é desenvolver um bom veículo. Parte de seu plano deve ser **adquirir o veículo que criará para você a independência financeira à qual você esteja comprometido.**

O veículo que você escolhe deve ser fundamentado em sua *tolerância ao risco*. Se você está procurando pequeno ou nenhum risco, você vai precisar olhar algo no alcance de uns seis ou sete por cento de retorno. Se você pode tolerar o alto risco então uns vinte ou trinta por cento ou mais de retorno é possível, mas também há a possibilidade de perder tudo que você investiu.

Eu lhe contarei de antemão isto: como você aloca seus recursos – quer dizer, onde você põe seu dinheiro, o equilíbrio entre o que você põe em algo que está seguro e constrói longo tempo, e a qual você arrisca – determinará provavelmente mais que qualquer outra coisa o seu destino financeiro final. Sabendo equilibrar um plano sólido que esteja seguro com investimentos que tenham potencial para a perda é extremamente importante.

Para vencer nestas estratégias, utilize-se da modelagem.

a) **Encontre pessoas que conseguiram obter estes resultados e estude como elas fizeram isto.** *"Você tem muita sorte na vida quando escolhe corretamente seus heróis.."* disse Buffett em uma palestra, *"...Aconselho todos vocês a, na medida do possível, escolher alguns heróis. Nada como o herói certo."*[10]

---

[10] LOWE, Janet, Op. Cit.

A ARTE DE PROSPERAR

Tenha os mesmos pensamentos conscientemente e obterá os mesmos resultados.

Já foi dito que nós somos a soma de nossos momentos. Se você não tem um negócio lateral, comece um! Se você tem um negócio, você precisa aprender tudo como lidar com o imposto e técnicas de auditoria profissional disponíveis a seu negócio.

A vida sempre apresentará desafios e obstáculos para nós dirigir. Nós podemos somente estar lá e deixar que estes desafios nos superem e que possa nos frustrar, ou nós podemos reagir como um surfista à onda, simplesmente surfar em cima da crista. Não é nossos sucessos que nos fazem mais fortes mas sim, as nossas adversidades e o modo que nós as dirigimos que determina quem somos nós.

Uma verdade inabalável é que **"em um negócio você ou cresce ou morre"** – se você estagnar é você tem um único caminho – morrer. Para que isto não aconteça, você deve estar constantemente mudando, evoluindo e melhorando tudo o que você faz pelo menos a cada seis meses. A moral da história é simples: aprenda crescer ou morrer. Este é o conceito do acrônimo MCI® (melhoria contínua e incessante). Este é o coração em minha vida! A filosofia do MCI® visa somar tanto valor quanto possível a tudo que eu faço.

Nunca deixe de tentar somar valor e benefícios para seus clientes. Pode ser tão simples quanto lhes enviar uma nota de agradecimento, artigos de seus interesses, gratificações ou um simples telefonema trimestral lhes perguntando, *"o que mais posso fazer por você?"* Esta filosofia determina tudo do que eu faço como eu lido com meus filhos, para como eu lido com meus colaboradores, como eu lido com meus clientes.

Se nós reagimos com o conhecimento certo, com flexibilidade nesses momentos frustrantes e desafiadores, e com uma sensação de crescimento constante, melhoria, e aprendizado, nós podemos alcançar qualquer coisa que nós acreditamos e podemos fazer muito mais por nossas vidas com menos esforço!

Conceda a si mesmo um *chekup* financeiro para encontrar quais são as suas "feridas da riqueza", com isto você poderá "curar-se" rapidamente. Comece agora mesmo, a "curar" as primeiras duas Feridas da Riqueza.

Por favor faça o seguinte: pergunte-se sobre quais são exatamente as suas maiores crenças restritivas sobre negar absolutamente a abundância financeira? (Você pode perguntar-se de outra maneira: Quais são suas associações sobre excesso financeiro? Você deve encontrar quais são os excessos da abundância financeira. Estas permissões de excesso de dinheiro – são maiores do que você necessita. Muitas pessoas associam emoções negativas nisto e surpreendem-se de que elas nunca mantêm uma posição financeira de "excesso de dinheiro".)

Agora, no quadro abaixo, durante aproximadamente cinco minutos, escreva toda palavra que você associa a palavra "independência" financeira. Logo a seguir, faça isso com a palavra "riqueza" e então o palavra "excesso" (com isto, você pode descobrir se você tem algumas associações negativas sobre elas!).

INDEPENDÊNCIA FINANCEIRA	RIQUEZA	EXCESSO

Agora, escreva todos os benefícios que você teria em sua vida, para sua família, seus amigos, sua habilidade para contribuir, os brinquedos que você pode comprar, as brincadeiras que pode fazer, como você pode viver, se você fosse totalmente independente financeiramente.

_____
_____
_____
_____
_____
_____

Muito bem! Agora escreva todos os medos que você tem sobre o que precisaria para ser financeiramente independente, ou qualquer associação negativa subconsciente que não entrou à cima no passo um de sua lição.

_____
_____
_____
_____
_____
_____
_____
_____
_____
_____
_____
_____
_____
_____
_____
_____
_____
_____

Agora, defina de quanto dinheiro você precisaria como uma renda anual que o apóie a sentir-se totalmente livre financeiramente – uma renda anual que, se esta renda entrasse, você só trabalharia porque você quer, não porque você deve.

_____
_____
_____
_____
_____
_____

Considere que você tem uma soma específica em dinheiro que representa abundância financeira. *Você faz com este valor se multiplique? Ou você o usa para viver confortavelmente e pagar suas dívidas atuais?* Se você não estabeleceu um número específico, faça isso agora e empenhe-se em obtê-lo.

_____
_____
_____
_____

Determine agora quanto dinheiro adicional você pode separar por mês se você se comprometer a poupar para o desenvolvimento de seus investimentos.

_____
_____
_____

Faça uma lista de todas as razões por que ter uma independência financeira é um imperativo para você, todas as razões por que você tem que ter isto agora.

_____
_____
_____
_____
_____
_____
_____
_____

A ARTE DE PROSPERAR

Lembre-se do ditado: **Nunca saia de um lugar sem um objetivo ou tome uma decisão sem fazer qualquer ação para conseguir sua realização.** Hoje, comece a desenvolver o seu plano financeiro. Entre em contato com um planejador financeiro, ou escolha um livro sobre criação de planos financeiros, ou contate-nos e inscreva-se no seminário Excelência Financeira.[11]

Use somente o aprendizado deste capítulo – apenas uma simples distinção – a partir de seu *feeling* você poderá ter progresso financeiro. Possivelmente esta simples distinção financeira fará com que você consiga fazer com que você em pouco tempo possa consumir ou investir. Possivelmente esta é uma decisão que você pode fazer para que acredite na abundância financeira. **Lembre-se, pequenas ações podem guia-lo à habilidades de hábitos com os quais poderão ser usados para criar a liberdade financeira que você merece.**

Faça uma lista de qualquer termo financeiro ou aspecto de administração financeira que você corriqueiramente não compreende totalmente, e faça uma promessa de encontrar pessoas de que possa obter as respostas que você necessita. **Ninguém o tratará injustamente com uma pergunta inteligente;** algumas incredibilidades são injustas com o não realizar ações para realizar imediatamente as perguntas.

_____
_____
_____
_____
_____
_____
_____
_____
_____
_____
_____
_____
_____
_____
_____

---

[11] O seminário de **MÉTODO 7PLF** é um ambiente fenomenal no qual lhe dará o completo controle desta área vital de sua vida. Neste evento, você obtém ajuda para você planejar seu plano financeiro. Contate-nos através do e-Mail: suporte7plf@gmail.com se deseja participar no **MÉTODO 7PLF**. (Para maiores informações sobre este e outros programas da Universidade da excelência, veja no final deste livro).

Lembre-se do poder do "porquê" [reporte-se ao meu livro Desperte Seu Gigante Interior]. Escreva um parágrafo sobre o porque você continuará a seguir com isto e evitar a complacência. O que você arrepende-se de ter feito no passado? Esta é uma área de sua vida que deve ser dominada. Assim você conseguirá ir adiante com reações que o ajudarão a continuar nesta jornada. Faça uma lista disto agora.

_____
_____
_____
_____
_____
_____
_____
_____

Finalmente, o que o livra de ter medo é a crença de que você é muito mais do que qualquer coisa que o possa faze-lo financeiramente feliz. Escreva a seguir uma ou duas situações que tenha ocorrido em sua vida que lhe pareça dificuldade ou possibilidade, mas que você removeu isto pessoalmente. Use isto para lembrar-se de suas capacidades de transformar crises em oportunidades.

_____
_____
_____
_____
_____
_____
_____
_____
_____
_____

"Sorte é o que acontece quando preparação encontra oportunidade."
– Darrel Royal

ACABANDO COM A AUTO-SABOTAGEM FINANCEIRA

Desobstruindo a estrada do sucesso vitalício

O que é dinheiro? É um pedaço de papel com tinta e figura de personagens notáveis que nos permite comprar aquilo que desejamos. Mas, o que para você, lhe faz realmente mau o dinheiro? Como está sua relação com o dinheiro?

A sua relação com o dinheiro é do tipo: *Uau!* Você está casado com seu dinheiro – você gosta disto ou não? E a coisa desgraçada é, muitas pessoas não gostam disto. E muitos outros cambaleiam vendados pela relação devido a sentimentos não resolvidos ou inexplorados. Cedo ou tarde, tal conduta o conduzirá a um fim trágico ou para cima de um precipício. Você tem que ver quais são as suas condições com as emoções e ações relativas ao dinheiro. Deixar de fazer isto, o conduzirá seguramente a uma situação desastrosa quanto ao seu empenho. Desvendando a sua condição em relação para com o dinheiro, por outro lado, lhe permitirá viver felizmente e prosperamente a partir daí.

A chave para solucionar sua relação com o dinheiro é voltar-se aos fundamentos. Nunca faça uma pergunta à maioria das pessoas que possa igualmente as aborrece-las:

1. O que eu quero do dinheiro e de mim para que isso possa dar retorno? Esta é uma pergunta simples, e você deveria faze-la em qualquer relação que você entrou ou tem pensado de entrar. Algumas pessoas ainda perguntam pela sua relação para com o dinheiro. Como resultado, neurose, fantasia, raiva, e objetos de apego em cima da luxúria.

2. Vá a fundo e tenha uma conversa honrada com seu dinheiro. Fazer perguntas certas e dando respostas sinceras lhe conduzirão a uma relação de respeito que fará com que suas finanças cresçam cada vez mais fortes.

CHARTON BAGGIO SCHENEIDER

"Não que eu queira dinheiro. É o divertimento de ganhar dinheiro e vê-lo crescer que me atrai."
– WARREN BUFFETT

Se você está se sabotando financeiramente, é porque você acredita em algum nível que o acúmulo de dinheiro vai conduzir a mais dor, do que prazer. **Você não pode confiar em uma pessoa para lhe apoiar. Você não pode confiar na economia do país. Você só pode confiar em você.** Você vive botando a mão no bolso? Você vive ouvindo o som de uma caixa registradora, ou você ouve o assobio de um vazamento lento? Então, é hora de dar uma olhada em quais são seus valores financeiros. Lembre-se, não é quanto dinheiro que você ganha, é quanto dinheiro que você consegue manter. Se você está enfrentando atualmente alguns desafios financeiros sérios, é provável que o problema é o tamanho de seus gastos, não o tamanho de sua renda. Tudo que você precisa fazer é aprende a administrar seu dinheiro corretamente.

Um modo para trabalhar seu futuro financeiro é determinar quais são os valores meios de dinheiro para você, até onde você relaciona a você os valores globais de vida. Pense em alguns dos valores seguintes: liberdade, felicidade, segurança, paz de espírito, poder, diversão, ajudar a família, crescimento, aventura, independência, espiritualidade, ser o melhor, fazer uma diferença, etc. Agora se pergunte, "Minha vida está projetada ao redor de meus valores?" Entendendo o que você está procurando em sua vida é a fundação na qual todo planejamento financeiro inteligente é baseado. Pôr seu dinheiro onde estão seus valores pode fazer milagres. E, uma vez você realmente entende o que o dinheiro significa para você, você será ilimitado.

Aprenda a pôr seu dinheiro onde seus valores estão, e estabeleça metas específicas para você. Você logo verá claramente seu futuro financeiro se tornando uma realidade, e você em um planejador financeiro próspero que entende os fatos e ficções sobre o dinheiro.

Para começar a atrair riqueza você deve:

1. reconhecer que você já é *realmente* rico;
2. acreditar que você também está criando uma maneira para os outros cumprirem seus sonhos.

Aqui está a fórmula de como eliminar a autosabotagem financeira.

1. Descreva tudo sobre a dor que você sente por você não ter a abundância financeira que você merece.
2. Liste as palavras que você associa ao dinheiro.

3. Escreva o que você se lembra de ter ouvido falar sobre dinheiro quando você era criança.
4. Escreva como sua vida seria maior e melhor se houvesse dinheiro em abundância.
5. Remova suas crenças limitantes, colocando em seu lugar crenças novas ou as ridicularizando. Escreva esta informação e a fale/faça inúmeras vezes.

Crenças que o conduzirão a liberdade financeira:

- *Quanto mais eu dou aos outros, mais dinheiro eu recebo numa base contínua, e consistente.*
- *Eu tenho que viver numa atitude de gratidão; assim tenho que ajudar aos que ficaram para trás.*

Abundância financeira vem de se fazer o que você gosta de fazer e tendo certeza de criar um tremendo valor as outras pessoas. Achar o veículo apropriado pode construir riqueza, responda as seguintes perguntas:

a) *O que você mais gosta de fazer?*
b) *Como você poderia fazer para beneficiar aos outros de forma que eles estivessem dispostos a investir nisto?*
c) *Como você poderia fazer para alcançar uma multidão de pessoas?*
d) *Como você poderia fazer isto de forma inteligente e que fosse lucrativo?*

Acima de tudo, tenha certeza de que você é um doador!

Durante os próximos dez dias, escreva em sua agenda três idéias (diariamente) para incrementar sua renda, ou maneiras nas quais você já poderia ganhar mais o que a renda que você possui. Fazendo isto durante 10 dias, você estará começando a treinar a sua mente a procurar oportunidades econômicas. Elas estão a sua volta – no entanto, você necessita desenvolver uma mente que seja habituada a percebe-las começando por notifica-la sobre o que você busca – então ela o levará a agir.

> *"Nossas dúvidas são traiçoeiras, e nos fazem perder o bem que poderíamos ganhar, por temer tentar."*
> – WILLIAM SHAKESTEARE

Charton Baggio Scheneider

SEU PROJETO FINANCEIRO UM MODELO PARA A "REALIDADE"

Os melhores recursos para você aprender mais sobre investir, varia dependendo de seus objetivos de investimento. Os principais recursos para educação de investimento são livros, revistas, jornais, sites financeiros, e seminários. Seminários selecionados são sem dúvida o modo mais rápido para aprender sobre investimentos prósperos.

Já, os livros são um segundo recurso educacional, depois de seminários. Eles são baratos e fáceis de se entender. Recomenda-se ainda que você entre par um clube de investimento que se encontra mensalmente em sua área. Escolha um grupo a seu nível de perícias ou superior.

Para nós criarmos nossa realidade, precisamos trabalhar com três princípios básicos que são:

1. O princípio da autoanálise
2. O princípio das sugestões
3. O princípio de finalidade, objetivo e metas

Este primeiro passo para sua estratégia financeira nós iremos estudar estes três princípios, aonde muito mais do que informação, você encontrará a oportunidade de **entrar em ação** através de questionários e exercícios intelectuais.

Você quer poupar e investir para obter o quê? Aposentadoria tranqüila? Casa própria? Carro? Boa educação para seus filhos? Assistência médica quando necessário? Assistência aos pais? Assistência em períodos de desemprego? E, ainda o mais importante a se saber: De quanto dinheiro você precisa para estar financeiramente seguro para o resto de sua vida? R$10 milhões? R$15 milhões? uma loteria multimilionária? De fato, você ficaria surpreendido de quão pequeno capital você precisa acumular para viver confortavelmente.

A ARTE DE PROSPERAR

<u>Lembre-se</u>: **Você é uma máquina de dinheiro.**

Lembre-se: Se você não sabe para onde está indo, poderá chegar em algum lugar onde não gostaria de estar.

Para chegar ao local desejado, você necessita de um mapa, ou seja, você vai precisar de seu plano financeiro. Então vamos começar a agir, colocando em prática o primeiro princípio, o **Princípio da Autoanálise.** Arregace as mangas e mãos-a-obra:

1. Qual é e como você avaliaria seu fluxo monetário e/ou de renda atual?

    Avaliação numérica:
    1 ☐ 2 ☐ 3 ☐ 4 ☐ 5 ☐ 6 ☐ 7 ☐ 8 ☐ 9 ☐ 10 ☐
    Faça uma breve descrição:
    _____
    _____
    _____
    _____
    _____

2. Como você avaliaria seus rendimentos líquidos?

    Avaliação numérica:
    1 ☐ 2 ☐ 3 ☐ 4 ☐ 5 ☐ 6 ☐ 7 ☐ 8 ☐ 9 ☐ 10 ☐
    Faça uma breve descrição:
    _____
    _____
    _____
    _____
    _____

3. Como você se sente sobre seus investimentos atuais?

    Avaliação numérica:
    1 ☐ 2 ☐ 3 ☐ 4 ☐ 5 ☐ 6 ☐ 7 ☐ 8 ☐ 9 ☐ 10 ☐
    Faça uma breve descrição:
    _____
    _____

4. Como você avaliaria sua atual taxa retorno de investimentos globais durante os últimos cinco anos?

    Avaliação numérica:
    1 ☐ 2 ☐ 3 ☐ 4 ☐ 5 [1] 6 ☐ 7 ☐ 8 ☐ 9 ☐ 10 ☐
    Faça uma breve descrição:

    _____
    _____
    _____
    _____
    _____

5. Como você avaliaria sua atual taxa retorno de investimentos globais durante os últimos dez anos?

    Avaliação numérica:
    1 ☐ 2 ☐ 3 ☐ 4 ☐ 5 [1] 6 ☐ 7 ☐ 8 ☐ 9 ☐ 10 ☐
    Faça uma breve descrição:

    _____
    _____
    _____
    _____
    _____

6. Qual é sua taxa atual de investimentos mistos?

    Avaliação numérica:
    1 ☐ 2 ☐ 3 ☐ 4 ☐ 5 [1] 6 ☐ 7 ☐ 8 ☐ 9 ☐ 10 ☐
    Faça uma breve descrição:

    _____
    _____
    _____

7. Como você avaliaria sua liquidez?

   Avaliação numérica:
   1 ☐ 2 ☐ 3 ☐ 4 ☐ 5 ☒ 6 ☐ 7 ☐ 8 ☐ 9 ☐ 10 ☐
   Faça uma breve descrição:

   _____
   _____
   _____
   _____

8. Qual é (e como você avaliaria) seu custo de vida atual?

   Avaliação numérica:
   1 ☐ 2 ☐ 3 ☐ 4 ☐ 5 ☒ 6 ☐ 7 ☐ 8 ☐ 9 ☐ 10 ☐
   Faça uma breve descrição:

   _____
   _____
   _____
   _____

9. Sua avaliação global para a sua economia atual:

   Avaliação numérica:
   1 ☐ 2 ☐ 3 ☐ 4 ☐ 5 ☒ 6 ☐ 7 ☐ 8 ☐ 9 ☐ 10 ☐
   Faça uma breve descrição:

   _____
   _____
   _____
   _____

Muito bem, você concluiu a primeira etapa, mas o trabalho não acabou, persista, este capítulo é a base de todo o seu sucesso financeiro absoluto. Persista, faça parte você também o grupo que faz acontecer, vale a pena. Outra coisa que é de suma importância para a construção de nosso futuro financeiro absoluto, é sabermos como nós realmente agimos quanto ao lidarmos com o dinheiro. E a questão que eu lhe proponho é a seguinte:

Como você lida com dinheiro?

A seguir você terá a oportunidade de fazer um teste ao qual descobrira a resposta a esta intrigante e fundamental questão. O como você lida com esta força poderosa – o dinheiro; onde você poderá verifique como os seus hábitos de consumo estão ligados à sua personalidade. Inicialmente este teste foi elaborado pelo site americano *MoneyMinded* (www.moneyminded.com), dedicado a esclarecer dúvidas sobre finanças, orçamentos, fundos, investimentos e carreira, e publicado inicialmente no Brasil numa reportagem da revista Veja, que trouxe uma versão adaptada através da ajuda de psicólogos e especialistas em investimento.

Este teste é útil para que você possa conhecer um pouco mais sobre como sua personalidade interfere no seu estilo de lidar com o dinheiro. Em cada um dos nove grupos de afirmações abaixo, escolha aquela com a qual você mais se identifica. Após, faça a sua tabulação e veja qual é o seu perfil quanto ao lidar com o dinheiro. Vamos lá:

1.
- [ ] A) É desconfortável saber que a pessoa com quem me relaciono tem um rendimento maior do que o meu.
- [ ] B) Gasto um bom dinheiro comprando roupas porque me preocupo com a aparência.
- [ ] C) Saber que estou poupando dinheiro me dá grande satisfação e até certa dose de orgulho.
- [ ] D) Dinheiro não pára na minha conta do banco. Prefiro aproveitá-lo hoje a guardá-lo para gastar no futuro.

2.
- [ ] A) Tenho habilidade em lidar com dinheiro e fazer boas compras. Mas não sou tão bom quando o assunto é organizar meus gastos.
- [ ] B) O certo é viver um dia após o outro, sem grandes preocupações financeiras. Aposentadoria é algo muito distante e não vou lidar com isso agora.

☐ C) Tenho certa habilidade para cuidar do meu dinheiro e sei transformar centavos em reais.

☐ D) Só admito produtos de primeira qualidade. De que adianta adquirir um bem sabendo que a loja oferecia outro muito melhor?

3.

☐ A) Nem sempre consigo controlar meus gastos, por isso já estourei o limite do cheque especial algumas vezes.

☐ B) Adoro uma promoção, guardo aqueles cupons de desconto que muita gente joga fora e ando até encontrar o menor preço.

☐ C) Se precisar, economizo, mas sou considerado generoso. Gosto muito de presentear pessoas próximas.

☐ D) Não nasci para ter emprego com hora para entrar e para terminar. Regras demais são armadilhas que tolhem a minha liberdade.

4.

☐ A) Sinto-me mais à vontade quando as coisas são feitas da maneira que eu quero. Não gosto de fazer concessões.

☐ B) Quando vou viajar, procuro comprar um pacote de agência de turismo. Sai mais barato.

☐ C) Dinheiro é bom. Com ele na mão, posso fazer compras e escapar dos problemas do dia-a-dia.

☐ D) Quero atingir um padrão de vida mais alto do que tenho hoje e, para isso, preciso crescer profissionalmente.

5.

☐ A) Ao decidir-me por um investimento, a maior preocupação é com a segurança, não com o rendimento.

☐ B) Não confio na opinião do gerente do banco. Prefiro tomar decisões sobre como aplicar meu dinheiro com base nas minhas informações e convicções pessoais.

☐ C) Não vejo muito sentido em guardar dinheiro para gastar durante a velhice.

☐ D) Planejar é uma palavra de oito letras que odeio.

6.

☐ A) Não gosto da idéia de dever favores a alguém.

☐ B) Quem me conhece diz que sou muito ansioso. Talvez seja verdade.
☐ C) Minhas finanças ficam desorganizadas com alguma facilidade.
☐ D) Costumo freqüentemente me sentir vulnerável, mas tento não dar muita atenção a isso.

7.
☐ A) Sabe o que mais gosto de fazer? Comprar.
☐ B) Tem gente que vive sonhando. Eu não. Satisfaço-me com o que tenho.
☐ C) No restaurante, prefiro pagar a conta a deixar que os outros paguem a minha parte.
☐ D) Quero ter a liberdade de escolher a forma como vou pagar uma conta, se com cheque, cartão ou à vista.

8.
☐ A) Gosto de conhecer pessoas diferentes, aprender coisas novas, ir a lugares sozinho.
☐ B) Gosto que as pessoas saibam quanto me sacrifiquei para cumprir determinada tarefa.
☐ C) Faço questão de ser o responsável pelas decisões, tanto em casa quanto no trabalho.
☐ D) Gosto de gastar não apenas porque consigo adquirir bens, mas porque isso faz com que eu me sinta bem.

9.
☐ A) Tenho mais facilidade em gastar dinheiro comprando presentes para mim do que para outras pessoas.
☐ B) Dar presentes é prazeroso para mim.
☐ C) Tenho dificuldade em me envolver com pessoas, planos ou negócios.
☐ D) Quando fazem alguma sugestão no meu trabalho ou na minha vida pessoal, tenho a sensação de que estão me dizendo o que fazer.

A ARTE DE PROSPERAR

Quadro de Pontuação:

Questão Nº	A	B	C	D
1	1	2	3	4
2	4	2	3	1
3	2	3	1	4
4	1	3	2	4
5	3	1	2	4
6	4	3	2	1
7	2	3	1	4
8	4	3	1	2
9	2	1	3	4

Agora, siga o quadro acima, verifique qual é o fator de cada uma de suas respostas e anote o resultado de quantas vezes aparecem cada um dos valores 1, 2, 3, e 4 no espaço abaixo:

Fator 1	Fator 2	Fator 3	Fator 4

Agora verifique qual é o resultado de seu perfil* de como você lida com o dinheiro:

- Você assinalou mais respostas de Fator 1: **PODEROSO**
- Você assinalou mais respostas de Fator 2: **GASTADOR ASSUMIDO**
- Você assinalou mais respostas de Fator 3: **POUPADOR**
- Você assinalou mais respostas de Fator 4: **INDEPENDENTE**

O Poderoso

---

* Este perfil foi elaborado colaboração do professor Mário René Schweriner

Pessoas desse tipo são lógicas e auto-suficientes quando o assunto é dinheiro. Em vez de consultar os outros, preferem tomar as suas próprias decisões sobre o destino de suas aplicações. Nem as indicações do gerente do banco são tão acertadas quanto os seus palpites. Para isso, mantêm-se em geral informadas sobre o que consideram necessário no mundo das finanças. A vantagem desse tipo é que ele aprende a lidar com um assunto árido, o que lhe dá independência. O problema é que pessoas assim costumam ser centralizadoras também no convívio social. Ao preferir as próprias opiniões, desprezam conselhos. Mesmo que sejam bons.

O Gastador

Para as pessoas com esse perfil, uma das funções imediatas do dinheiro é viabilizar as compras. O gastador prefere investir no shopping center, não na poupança. Quando tem a opção, seleciona artigos e lugares de alta qualidade, e isso não costuma ser barato. A vantagem do tipo gastador sobre as demais pessoas é que ele sabe aproveitar as chamadas "boas coisas da vida". Não fica guardando o dinheiro que poderia usar hoje. Para quem precisa fazer contas no final do mês, a atitude pode gerar futuros aborrecimentos. Como o dinheiro tende a acabar antes que termine a lista de desejos, há os que desenvolvem certo sentimento de inferioridade.

O Poupador

As pessoas assim gostam de pagar as contas do mês e, em seguida, mandar o dinheiro para o banco. A atitude funciona como antídoto a um eventual desejo de comprar. O importante não é fazer o capital render, mas saber que ele está guardado. Será que um dia não será preciso utilizá-lo? O dinheiro só sai do banco em caso de necessidade. O lado bom desse comportamento é que pessoas precavidas em geral não ficam financeiramente desamparadas. Segundo os especialistas, existe a possibilidade de haver um problema. A fixação em guardar poderá produzir certa frustração no futuro. De que adianta ter uma boa poupança se deixou-se de experimentar pequenos e grandes prazeres?

O Independente

As pessoas com esse perfil são financeiramente desorganizadas. Muitas vezes, entram no cheque especial por falta de controle, não porque saíram às compras. Em outras ocasiões, até pode sobrar algum dinheiro, mas ele permanece na conta corrente, sem render juros, porque o "independente" não se preocupa em aplicá-lo. Segundo os especialistas, essa falta de organização advém de uma virtude. Essas pessoas acham que o dinheiro é útil para financiar prazeres, mas não gostam de depender dele. Por prezar tanto a liberdade, às vezes podem ter problemas nos relacionamentos. Nem sempre os que as cercam estão dispostos a enfrentar uma vida tão indisciplinada.

TRABALHANDO SEU PROJETO FINANCEIRO

O que o levaria a saber que você é verdadeiramente rico? Você teria que ganhar um milhão de dólares por ano? Ter o maior barco, carro ou casa? Ou você se sentiria rico por saber que sua vida está fazendo verdadeiramente uma diferença?

Algo que você pensou, alguma idéia que teve, algum conceito ou o sentimento ou ainda a ajuda a outra pessoa para ela aumentar a qualidade de sua vida. O sentimento de riqueza vem de onde você vive? Está baseado em sua família, ou na qualidade das pessoas que você conta como seus amigos?

Todos nós temos idéias diferentes sobre o que nos faz sentir ricos. Previamente, nós nunca falamos de fato sobre quantas pessoas experimentam este sentimento. Uma razão é que o seu conceito do que era riqueza a dez anos atrás é provavelmente muito diferente do de hoje. Elas provavelmente pressentem em suas mentes que precisam de muito mais dinheiro hoje para se sentirem prósperas e ricas. Assim elas estão tentando alcançar um "sentimento" ou estado que sempre estão mudando e estão se expandindo. E tentar atingir um objetivo móvel é uma experiência bem frustrante.

Eu conheço muitas pessoas que têm muito êxito financeiramente que na verdade sentem e vivem como se elas fossem pobres. Elas tentam se agarrar a tudo o que elas possuem, em vez de permitir que o fluxo de abundância se expanda continuamente através delas. Eu pessoalmente acredito que uma pessoa é rica *quando ela se sente constantemente que ela esteja morando em um mundo de abundância em lugar de um de escassez.* Quando nós nos sentimos abundantes emocionalmente, fisicamente, em nossas relações, quando nós temos liberdade, tempo e abundância financeira, nós somos verdadeiramente ricos.

Eu pergunto freqüentemente para as pessoas, "o que faz a maior diferença em sua qualidade de vida?", e eu adquiro uma variedade de respostas. Eu penso que para ser verdadeiramente rico e próspero, há cinco chaves que nós precisamos dominar.

1) Nós temos que dominar nossas emoções.
2) Nós temos que dominar nosso corpo físico e nível de energia.

3) Nós temos que dominar nossas relações – nossa relação conosco mesmo e a com outros.
4) Nós temos que dominar o assunto referente ao dinheiro.
5) Nós temos que dominar nosso tempo.

E destes assuntos, o **dinheiro** é um dos tópicos mais emocionais de todos. Nós associamos muita dor e prazer para este artigo; que nós damos a ele tanto poder, que ele é capaz de controlar nossas vidas.

Anteriormente, eu falei sobre o que é realmente o dinheiro: simplesmente um recurso, uma conveniência que nós desenvolvemos para acelerar o processo de trocar de valor. Nós discutimos os modos que nós aprendemos para associar algumas de nossas mais intensas emoções negativas para o dinheiro.

E nós aprendemos as Sete Feridas da Riqueza – os sete três conflitos internos ou conceitos errôneos que constantemente destroem a riqueza financeira de uma pessoa. Entre o que nós vimos anteriormente podemos perceber claramente que:

Ter associações negativas ou misturadas sobre o que realmente significa ter dinheiro em excesso, faz com que a maioria das pessoas não alcance o que elas querem porque elas misturaram estas associações. E o dinheiro é um dos principais exemplos disto. As pessoas dizem, "eu quero dinheiro porque ele me proverá liberdade, a chance para fazer as coisas para minha família, realmente contribuir com meus amigos e minha comunidade, uma chance para ter brinquedos e oportunidades". Mas, simultaneamente elas acreditam, "Droga, para ter dinheiro eu tenho que trabalhar tão duro" (i.e. dor), ou "Eu tenho que gastar todo o meu tempo", ou "Eu não serei espiritualizado", ou "As pessoas me julgarão". Quando nós temos estas associações misturadas, o cérebro não sabe se deve mover-se à frente ou se deve se retirar.

E, assim a maioria de nós se conforma com uma quantia de dinheiro que não é abundante – é apenas o suficiente para "seguir adiante". Estas associações negativas ou misturadas literalmente destroem nossas oportunidades para desenvolver nossa riqueza a longo prazo.

A principal razão pela qual maioria das pessoas nunca fica financeiramente livre é que elas: **Nunca fazem do ter muito dinheiro para investir um imperativo.** Isto é uma crítica dinâmica que você e eu sempre deveríamos nos lembrar! Os seres humanos sempre adquirem o que eles têm que ter. Não o que eles deveriam ter, mas o que eles têm que ter.

Não importa como as coisas sejam ruins, eu estaria disposto a apostar que você provavelmente sempre achou um modo para ter dinheiro suficiente comer. Por que? Porque você sabe que é um imperativo. Para a maioria das pessoas, ser financeiramente livres não é um imperativo. É um dever: é uma "obrigação". **O dia que você decidir que você tem que ter uma certa quantia de dinheiro**

para investir todos os anos, quando você faz isto importante, você começará a construir a fundação da abundância a longo prazo.

> *"Quando você se concentra em o que você tem em lugar de quanto você tem, seus próprios pensamentos começam a criar seu próprio futuro."*
> – SUZE ORMAN

Assim, para que você tenha uma renda vitalícia, você precisa que seu capital total de investimentos se acumule para que este seja auto-suficiente, (massa crítica) deve ser bastante grande, investido em um ambiente seguro a um retorno de 8%, gerar sua renda anual desejada. Escolha no quadro abaixo a sua renda desejada:

☐	R$ 10.000	☐	R$ 140.000	☐	R$ 480.000
☐	R$ 20.000	☐	R$ 160.000	☐	R$ 500.000
☐	R$ 30.000	☐	R$ 180.000	☐	R$ 600.000
☐	R$ 40.000	☐	R$ 200.000	☐	R$ 640.000
☐	R$ 50.000	☐	R$ 220.000	☐	R$ 800.000
☐	R$ 60.000	☐	R$ 240.000	☐	R$ 1.000.000
☐	R$ 70.000	☐	R$ 260.000	☐	R$ 1.600.000
☐	R$ 80.000	☐	R$ 280.000	☐	R$ 2.000.000
☐	R$ 90.000	☐	R$ 320.000	☐	R$ 4.000.000
☐	R$ 100.000	☐	R$ 400.000	☐	R$ 8.000.000
☐	R$ 120.000				

Sua economia atual é um resultado de três coisas:

    a. **sua posição financeira atual,**

b. sua psicologia atual sobre o dinheiro, e
c. que você faz ou deixa de fazer quanto aos seus investimentos.

O tempo é sua sofisticação. A maioria das pessoas sabe o que fazer, mas elas não fazem isto de fato! Aconselho-lhe que faça agora o seguinte processo, que levará algum tempo para ser concluído. Este processo **lhe dará uma compreensão inclusive de por quê você está onde você está financeiramente**, e lhe proporcionará uma oportunidade de diagnosticar onde deve mirar para realizar as necessárias mudanças que farão a diferença para o seu futuro financeiro.

Conforme você passa pelo processo de Projeto Financeiro, faça-se a seguinte pergunta: Você precisa mudar sua psicologia, suas habilidades, ou suas ações? (Ou todas as três?)

Levantamento Financeiro

A seguir, convido-o a passar por uma jornada de descoberta para registrar suas mudanças. Como Sugestões úteis, lembre-se que o valor de mercado atual de seus recursos pode ser mais ou menos semelhante ao preço de compra inicial. Estime-os de maneira conservadora! **Sugestões úteis:** Arredonde os valores menores e maiores que 5. Lembre-se que o valor de mercado atual de seus recursos pode ser mais ou menos que o preço de compra inicial. Dê uma estimativa conservadora.

1. Recursos Iliquidáveis	
A. Bens Imóveis de Investimento (não inclua sua residência)	
B. Interesses Empresariais	
C. Todas as Sociedades	
D. Arte, Conjuntos, Coleção de Carros Clássicos, etc.	
Some os seus Investimentos Iliquidáveis Atuais (soma A-D):	
2. Recursos Líquidos	
E. Contas a Receber	
F. Notas Promissórias (a receber)	
G. Planos de Pensão	
H. Valor do Prêmio do Seguro de Vida	
I. Previdência, Planos de Aposentadoria	

J. Ações, Poupança, e outros investimentos financeiros	
Some Seus Investimentos Líquido Atuas (soma E-J):	
3. Capital Disponível Atual, Não Investido	
K. Dinheiro Vivo	
L. Equivalentes Dinheiro Vivo	
M. Contas do Mercado Financeiro	
Capital Total Atualmente Disponível (soma K-M):	
4. Residência*, Valor de Mercado Atual	
5. Propriedade Pessoal*: Carros, Jóias, Mobílias, Etc.	
Recursos Totais (soma 1-5):	
6. Obrigações	
N. Contas a Pagar	
O. Empréstimos Empresariais	
P. Equilíbrios de Cartão de Crédito	
Q. Linhas de Crédito	
R. Hipotecas	
S. Notas Promissórias (a pagar)	
Obrigações Totais (soma N-S):	
7. Valor Líquido (Recursos menos Obrigações):	

Declaração Financeira

1. Renda Pessoal Anual Definição: Renda bruta que você recebe pessoalmente por ano. (Não inclui renda de investimento você a listará nas linhas 4-6 abaixo.)	
2. Valor Líquido Definição: Seus recursos menos suas habilidades.	

---

* Enquanto estes artigos são parte de seus recursos totais, nós acreditamos que você não liquidaria de sua residência ou propriedade pessoal a menos que absolutamente necessário. Então para ser conservador em seus planos, nós listamos separadamente estes artigos separando-os de seus Recursos Líquidos e dos Liquidáveis.

3. Taxa de Imposto Atual% Definição: A soma de todos os impostos e dividida pela renda bruta. NOTA: Esta é sua taxa de imposto atual, não seu " parâmetro" de imposto. Por exemplo, se você ganha R$ 1.000.000/ano e está num parâmetro de 40% de imposto, mas por causa de deduções você paga na verdade um total de R$ 25.000 em impostos, então sua taxa de imposto atual é 25%.	
4. Recursos Iliquidáveis Definição: Investimentos difíceis de se converter imediatamente em dinheiro vivo.	
5. Recursos Líquidos Definição: Capital convertido facilmente em dinheiro vivo.	
6. Capital Atualmente Disponível, Não Investido Definição: Dinheiro não investido atualmente (ou dinheiro que poderia ser investido melhor).	
7. Aumento da Renda, % para os próximos 5 anos Baseado em sua renda atual, qual o percentual que você pensa que aumentará sua renda durante os próximos 5 anos? Por exemplo, se você está ganhando R$50,000/ano agora, e você pensa que você estará ganhando R$75,000/ano daqui a cinco anos, sua renda terá um aumento de 50%.	
8. Aumento de renda, % p/os próximos 10 anos Baseado em sua renda atual, qual o percentual que você pensa que aumentará sua renda durante os próximos 10 anos?	
9. Poupança/Investimentos % necessário Que porcentagem de sua renda você deve poupar/investir para alcançar suas metas financeiras? (Se você está inserto, faça uma estimativa.)	

Despesas Mensais

Quais são seus custos mensais atuais para o seguinte?

1. Pagamento de Hipoteca (ou aluguel)	
2. Utilidades Inclua média por mês para eletricidade, gás, telefone, água, etc.	
3. Passagem Calcule a média por mês, inclusive seguro de auto.	
4. Alimentação	

Não inclua comidas de restaurante.	
5. Seguro Inclua invalidez, saúde, etc. Se você paga um prêmio anual, divida por 12 calculando seu custo mensal.	
6. Impostos de Propriedade (IPTU, etc.) Divida seu total durante o ano por 12 calculando seu custo mensal.	
7. Plano Aposentadoria ou Capitalização Divida seu total durante o ano por 12 calculando seu custo mensal.	
8. Entretenimento Inclua filmes, jogos, restaurantes, eventos esportivos, culturais, livros, viagens, eventos sociais, etc. Se você paga anuidades de sociedades ou quaisquer destas atividades, divida a taxa anual por 12 calculando seu custo mensal.	
9. A Educação de seus filhos Divida seu total durante o ano por 12 calculando seu custo mensal.	
10. Vestuário/Luxo Divida seu total durante o ano por 12 calculando seu custo mensal.	
11. Pagamentos de Dívidas (i.e., cartão de créditos, empréstimos educativos, etc.) Divida seu total durante o ano por 12 calculando seu custo mensal.	
12. Caridade	

Você deverá atualizar o seu "demonstrativo patrimonial" anualmente para acompanhar a sua situação financeira. Não se sinta desestimulado se tiver um patrimônio negativo. Se você elaborar um plano para atingir um saldo positivo, estará no caminho certo.

Charton Baggio Scheneider

PROJETANDO SEUS SONHOS: ESTABELECENDO O RUMO

As pessoas tendem a se fazer constantemente questionamentos que as levam a ficar contra o "fluxo" natural da prosperidade. Por exemplo, "Tenho muito tempo para pensar nisso depois.", "Ah, se eu soubesse disso antes...!", "Meu dinheiro mal dá para chegar até o fim do mês. Gostaria de investir, se tivesse dinheiro.", "Vou-me casar com alguém que tenha muito dinheiro.", "Vou trabalhar até cair morto.", "Meus filhos cuidarão de mim.", "Não sei como poupar ou investir.", "Será que vou perder dinheiro? Investir não é arriscado?"

Imagine o que você poderia conseguir, se, ao invés dos pensamentos limitantes descritos acima, você tivesse os seguintes: "Sei que terei uma chance maior de obter mais dinheiro no futuro, se começar a fixar objetivos e a planejar já.", "Posso começar devagar e cuidar para que meu dinheiro cresça. Afinal, até mesmo a árvore mais alta começa a crescer a partir de uma semente que cabe na palma da minha mão."

Então, comece Agora! Mude seu destino, para isto, basta entrar em ação contínua e consistente. Descreva abaixo o que o impede de começar a investir já? Faça uma lista de seus motivos:

"Se você quer ficar rico, você tem apenas que se educar, trabalhar duro, investir cedo, ficar casado, e derrubar seus maus hábitos. A escolha é sua."[12]

---

[12] Mackenzie, Richard B. and Lee, Dwight R. – How almost anyone can become a millionarie. Simple rules for attaining future wealth. The Futurist, August – September 1998, 23-30.

A ARTE DE PROSPERAR

a) _____

b) _____

c) _____

d) _____

e) _____

Chaves Para o Sucesso Financeiro
- Ganhar dinheiro
- Investir uma parte do que você ganha
- Reinvestir os lucros

Toda a riqueza é criada pela mente humana. E, com vontade firme.

Porque você quer mais dinheiro? Para uma melhor instrução universitária para seus filhos? Para possuir uma casa maior? Para ter um carro novo? Para ter segurança quando você se aposentar?

Na verdade o que você quer não tem nada que ver com quanto dinheiro você possua ou não. Você pode ter sua conta bancária equilibrada, você pode movimentar seu dinheiro diariamente entre fundos mútuos, você pode dobrar seu seguro de vida, você pode ganhar na loteria -- e nada disto lhe fará qualquer bem até que você ultrapasse a preocupação e o medo.[13] O medo do dinheiro, o medo de não ter o suficiente, o medo de ter muito, o medo de tomar ações, o medo da inatividade.

---

[13] Veja meu livro "**Desperte Seu Gigante Interior**", que traz importantes conhecimentos para se superar seus medos; ou, participe do seminário Desperte Seu Gigante Interior ao qual é realizado num único final de semana e que será um divisor de águas em sua vida – o você de antes e o você depois do seminário. Acesse o site www.chartonbaggio.com

Charton Baggio Scheneider

> *"Maus hábitos orçamentários, aplicados a duas vezes mais dinheiro, simplesmente criam duas vezes mais problemas."*
> – Tod Barnhart

Não há uma parte de sua vida em que o dinheiro deixe de mexer – afetando seus relacionamentos (afetivos, amorosos, pessoais, profissionais), o modo como você age sobre suas atividades cotidianas, sua habilidade para fazer de sonhos uma realidade, enfim, tudo. A maioria das pessoas, possuem uma "aura" de ansiedade que levam junto com elas, entretanto você pode não admitir isto em si mesmo. Isso é a parte do poder do dinheiro sobre você.

A verdadeira liberdade financeira não depende de quanto dinheiro você possua. Liberdade financeira é quando você tem poder que é o oposto de ter medos e ansiedades. Lembre-se: Nunca é muito cedo para se começar, e nunca é muito tarde, não importa qual sejam os números aos quais você leu em seu estrato bancário hoje.

Como já disse Albert Einstein, *"O único lugar onde o sucesso vem antes do trabalho no dicionário."* Porém, trabalho sozinho, não traz riqueza. O que traz riqueza é o pensamento abstrato, são as idéias mais amplas, ousadas e sutis.

Veja a seguir alguns mitos, aos quais você deve se esforçar para se livrar deles:

- Trabalhar muito é a causa da riqueza.
- Não é correto divertir-se e ser pago por isso.
- Boa formação garantirá sucesso financeiro.
- Algumas profissões dão dinheiro, outras não.
- Não há riqueza suficiente para todos.
- Se eu ganhar, outros vão ter que ficar pobres.
- Dinheiro é sujo.

> *"As pessoas só vêem o que estão preparadas para ver."*
> – Ralph Waldo Emerson

Um exemplo de como uma crença pode ser formada é relatada por Suze Orman, autora best seller. Ela disse que desde pequena, já tinha aprendido que a razão pela qual seus pais pareciam tão infelizes; não era que eles não se amassem;

e sim, era por que eles nunca tiveram dinheiro suficiente até mesmo para pagar as suas contas. O dinheiro em sua casa significava tensão, preocupação, e duelo.

Quando ela tinha cerca de treze anos o seu papai possuía um pequenino negócio, onde vendia galinha, costelas, hambúrgueres, cachorros quentes, e frituras. Um dia o óleo que a galinha estava fritando pegou fogo, e; em alguns minutos o lugar inteiro explodiu em chamas. Seu papai conseguiu sair da loja antes das chamas poderem lhe engolfar. Ela e sua mãe chegaram na cena, e puderam assistir todo o negócio do pai ser consumido pelas chamas.

De repente seu papai percebeu que tinha deixado o seu dinheiro na caixa registradora, e ela assistiu descrente seu pai entrar no meio das chamas antes de qualquer um poder impedi-lo. Ele tentou e tentou abrir a registra, mas o intenso calor já tinha lacrado a gaveta. Sabendo que todo dinheirinho que ele tinha estava trancado em sua frente, em meio as chamas, ele apanhou a caixa de metal incandescente e a levou para fora.

Quando ele soltou a registradora no chão, conta ela, *"a pele nos seus braços e tórax viram junto. Ele tinha escapado do fogo, intacto, e com segurança uma vez. Então ele arriscou a sua vida voluntariamente e fora severamente ferido. O dinheiro tinha esta importância. Isso foi quando eu aprendi que o dinheiro é obviamente mais importante que a vida. Daquele ponto em, ganhar dinheiro, muito dinheiro, não só se tornaram o que me dirigiu profissionalmente como também se tornou minha prioridade emocional. O dinheiro se tornou, para mim, não os meios para uma vida rica em todos os tipos de modos; dinheiro se tornou minha meta singular."*

"O que pode mudar seu pensamento pode mudar seu destino."
– STEPHEN COVEY

Seu dinheiro trabalhará para você, e você sempre terá bastante – mais que o suficiente – quando você dá a este **energia**, **tempo**, e **entendimento**. A sua liberdade financeira começa a ocorrer quando o que você faz, pensa, e diz é uma coisa só – ou seja, você é congruente. Você nunca será livre até que você diga que tem mais que o suficiente, então aja e pense *como se*. Você nunca será livre se você pensa que você não tem o bastante, então aja e diga *como se*.

Você terá o bastante quando você acreditar que você tem e entrar em ação para expressar esta convicção. E você terá mais que suficiente quando você perceber que você pode ser rico com qualquer renda porque você é mais do que seu dinheiro, você é mais que seu trabalho ou do que se intitula. Você é mais do que o carro que você dirige ou que a roupa que você usa. Seu próprio poder e valor não são julgados pelo dinheiro ao qual você pode ganhar ou que pode gastar; a verdadeira liberdade não pode ser comprada ou vendida a qualquer preço. A verdadeira liberdade, a verdadeira riqueza, é algo que nunca pode ser perdida.

Problema financeiro não é resolvido com dinheiro e sim com criatividade, com imaginação. Você tem uma mente capaz de criar a riqueza que desejar.

O mais importante para se acumular riqueza é a autodisciplina – o que é diferente de ter sorte ou não –, e a convicção de que você pode fazer isto, a convicção em você e em suas habilidades. Isto é, o que você pode contra o que você não pode. **Crie novas verdades e deixe-se levar por elas.**

Em síntese, a maioria das coisas importantes em nossas vidas precisam de autodisciplina e encanto. O encanto sempre está lá para nós. Quando você trabalha duro com autodisciplina como que se estivesse trabalhando com gratidão, então você tem verdadeiramente condições para decolar para a sua liberdade financeira. Suze Orman diz que a *"liberdade financeira é algo que todos e cada um de nós acredita que pode obter."*

Você pode se tornar um imã de dinheiro. Você pode ser o mestre de seu próprio destino financeiro. Tenha fé em você mesmo e saiba que qualquer coisa é possível.

"Você nunca terá liberdade financeira se você tiver dívida..." diz Orman *"...Uma falta de clareza normalmente conduz a perdas. Volte aos fundamentos de por que você comprou o que você comprou. Se essas razões são verdadeiras para você, então siga em frente e separe o seu medo."*

REVENDO SEUS SONHOS

Basicamente, há duas maneiras de ganhar dinheiro:
1) Você trabalha e recebe dinheiro pelo seu trabalho, ou seja; alguém paga para você trabalhar ou ainda, você tem o seu próprio negócio;
2) O seu dinheiro trabalha para você – você pega o seu dinheiro, economiza e investe.

Você pode fazer com que seu dinheiro trabalhe a seu favor de duas maneiras. A primeira delas é fazendo com que seu dinheiro renda juros, e para isto, o mercado financeiro nos oferece os seguintes produtos: Caderneta de Poupança, Debêntures, Fundos de Investimento em Renda Fixa (FIFs), e os Certificados de Depósito Bancário (CDBs). A outra forma de fazer com que seu dinheiro trabalhe para você, é através do uso de seu dinheiro para comprar alguma coisa que possa aumentar de valor. Aqui, o mercado financeiro fornece alguns produtos que podem fazer com que seu dinheiro cresça ou diminua de valor. Entre estes produtos encontram-se: as Ações, os Fundos Mútuos de Investimentos, os Certificados Audiovisuais, e também a aquisição de Imóveis. E, em muitas ocasiões, **você pode fazer com que seu dinheiro faça as duas coisas simultaneamente**: ganhar um salário fixo e aumentar de valor.

Como você pode pagar a educação de seus filhos? Imagine quanto dinheiro passa por suas mãos desadvertidamente todas as semanas? Pare por um momento a leitura deste livro e faça algo de valioso para você, agora mesmo. Liste abaixo todas as coisas que você gastou seu dinheiro na semana passada. Não pense só nas suas necessidades, mas também nas suas contas (cartões de crédito?) e luxos.

"Reduzir o custo da qualidade é, de fato, uma oportunidade para aumentar os lucros sem aumentar as vendas, sem comprar novos equipamentos e sem contratar mais pessoas."
– PHILIP CROSBY

Artigo	Valor
Total:	

Pense nisto! Se você investisse cinqüenta reais por mês que é apenas R$ 12,50 (doze reais e cinqüenta centavos) por semana e somente R$ 1,78 (um real e setenta e oito centavos) por dia, quanto poderia ser este valor quando seu filho for para a universidade?

Escolha uma quantia que você gostaria de investir por mês:

  ☐ R$ 50,00 por mês

  ☐ R$ 100,00 por mês

Com apenas cinqüenta reais por mês (começando desde o nascimento de seu filho) ganhando 15% anualmente será pago...

R$ 55.212,00

quando seu filho(a) completar 19 anos.

Se mais nenhuma outra contribuição for feita e o dinheiro continuar crescendo a 15% ao ano (excluindo impostos), será pago...

R$ 4.8 milhões aos 50 anos

R$ 19.6 milhões aos 60 anos

R$ 79.1 milhões aos 70 anos

LEMBRE-SE: R$ 50,00 por mês são apenas $12,50 por semana, e só R$ 1,78 por dia!

Com apenas cem reais por mês (começando desde o nascimento de seu filho) ganhando 15% anualmente será pago...

R$ 121.732,30
quando seu filho completar 19 anos.

Se mais nenhuma outra contribuição for feita e o dinheiro continuar crescendo a 15% ao ano (excluindo impostos), será pago...

R$ 9,9 milhões aos 50 anos

R$ 40,3 milhões aos 60 anos

R$ 163,1 milhões aos 70 anos

LEMBRE-SE: R$ 100,00 por mês são apenas R$25,00 por semana, e só R$ 3,57 por dia!

COMO SEU DINHEIRO CRESCE ANUALMENTE

Taxa de Rentabilidade Anual	Capitalização de R$ 50,00 Mensais durante...			
	20 anos	30 anos	40 anos	50 anos
15%	70.686,07	260.247,09	1.227.572,31	4.980.224,23
20%	134.415,36	850.954,73	5.287.577,64	32.757.977,34
25%	257.208,52	2.420.380,70	22.566.491,54	210.191.769,65

Taxa de Rentabilidade Anual	Capitalização de R$ 300,00 Mensais durante...			
	20 anos	30 anos	40 anos	50 anos
15%	424.116,43	1.799.844,91	7.365.433,88	29.881.345,39
20%	806.492,16	5.105.728,38	31.725.465,87	196.547.864,04
25%	1.543.251,13	14.522.284,21	135.398.949,21	1.261.150.617,89

Taxa de Rentabilidade Anual	Capitalização de R$ 1.000,00 Mensais durante...			
	20 anos	30 anos	40 anos	50 anos
15%	1.413.721,44	5.999.483,02	24.551.446,25	99.604.484,63
20%	2.688.307,19	17.019.094,59	105.751.552,89	655.159.546,80
25%	5.144.170,43	48.407.614,02	451.329.830,72	4.203.835.392,97

Olhe sua lista original acima e veja onde você tem oportunidades de investimento.

A DISTRIBUIÇÃO DE SEUS RECURSOS

Este é o momento certo para aplicar em ações? Fundos cambiais ainda são uma boa alternativa de investimento? Qual percentual do patrimônio deve ser alocado em renda fixa? E em renda variável?

Perguntas como estas, presentes em qualquer decisão de investimento, Descubra com a maior precisão possível como você agrupa alavancas de oportunidades de bens imóveis hoje.

> *"A mudança é a lei da vida. Aqueles que olham apenas para o passado ou para o presente serão esquecidos no futuro."*
> – JOHN F. KENNEDY

A Chave Para o Total Sucesso Financeiro a Longo Prazo.

A distribuição de recursos é a chave para todo sucesso financeiro a longo prazo. Para que você descubra qual seria a Fórmula de Distribuição de Recurso recomendada para você, por favor responda as perguntas abaixo (definindo qual é o seu "quociente de tolerância ao risco") e então veja o seu resultado.

1. Por favor escolha seu grupo de idade:

    ☐ MENOS DE 45

    ☐ 45 A 55

    ☐ MIAS DE 55

2. Que tipo de investidor você se considera?

    ☐ CONSERVADOR

    ☐ AGRESSIVO

SEGURANÇA - Suas necessidades básicas e paz mental

Sua casa, seguro, a educação universitária de seu filho, reserva de renda para 2-24 meses, etc. Este balde está cheio com investimentos de renda fixos como. Contas-T, laços, capitais de pensão, certificados de garantia de imposto, seguro, e mercados de capitais.

CRESCIMENTO - Capital de Investimento.

Este é o balde no qual você constrói Massa Crítica merecedora para sua rede. Este é o lugar onde você tem a oportunidade para maximizar seus lucros. Estes tipos de investimentos não estão garantidos, assim com a oportunidade para maior crescimento vem maior risco.

De fato o próprio balde de crescimento pode ser dividido em dois baldes distintos: o **Balde de Compra & Segurança** onde você está assumindo o papel de um inversor comprando companhias de qualidade e os segura por um longo período para construir massa crítica. E/ou o **Balde de Impulso** onde você está seguindo o fluxo do dinheiro e está fazendo rápidos investimentos e caindo fora, não tanto como um inversor, mas como um comerciante.

Isto oferece o potencial para maiores lucros mas também tem maiores riscos. É extremamente importante que você defina uma porcentagem específica de seus investimentos de crescimento que serão de Compra & Segurança contra Impulso. Isto se baseia em sua tolerância ao risco.

Em meu programa "Excelência Financeira", da Universidade da Excelência você aprenderá mais sobre Distribuição de Recurso. *Descubra mais sobre este e outros programas em meu site www.chartonbaggio.com.*

O Seu Perfil de Investidor

Fórmula Conservadora			
	Segurança	Crescimento	
Menos de 45 anos	40%	60% →	50% Compra e Segurança 50% Impulso
De 46 a 55 anos	60%	40% →	50% Compra e Segurança 50% Impulso
Acima de 55 anos	70%	30% →	66% Compra e Segurança 33% Impulso

Fórmula Agressiva			
	Segurança	Crescimento	
Menos de 45 anos	30%	70% →	50% Compra e Segurança 50% Impulso
De 46 a 55 anos	50%	50% →	50% Compra e Segurança 50% Impulso
Acima de 55 anos	65%	35% →	50% Compra e Segurança 50% Impulso

Risco & Retorno – Até onde arriscar?

As aplicações mais conservadoras vão gerar, com certeza, retornos mais baixos. É impossível obter uma rentabilidade excepcionalmente elevada, por exemplo, em fundos de renda fixa – ainda que ela seja atraente. Por outro lado, risco não implica necessariamente rendimento maior. Significa apenas a oportunidade de auferir maiores ganhos, ao custo de poder perder.

Um exemplo poderá ilustrar melhor. Compare duas modalidades hipotéticas de investimento: na primeira, o investidor tem certeza que aplicando R$ 100 resgatará R$ 110 após um ano. Na segunda, o investidor que aplicasse os mesmos R$100 poderia resgatar um valor entre R$ 70 e R$ 170.

A escolha não é trivial. A única alternativa para o investidor auferir um expressivo ganho de 70% é aceitar o risco de perder dinheiro. Se este risco é, de acordo com o perfil do investidor, inaceitável, não resta outra escolha senão se contentar com um ganho relativamente baixo.

COMPRANDO & MANTENDO SEUS INVESTIMENTOS

Você pode ganhar dinheiro em um investimento se:
- As pessoas que administram a empresa são honestas, trabalhadoras e talentosas.
- O desempenho da empresa é melhor do que o de seus concorrentes.
- Outros investidores concordam que se trata de uma boa empresa. De tal forma que, quando você quiser vender a sua participação (o seu investimento), outras pessoas se interessarão em comprá-la.
- A empresa é rentável (lucrativa), ou seja, ganha dinheiro suficiente para pagar os juros das suas debêntures ou os dividendos das suas ações.
- Optar corretamente pelo momento de investir, ou seja, avaliar se os preços de mercado estão sobrevalorizados ou não.

Você pode perder dinheiro se:
- As pessoas que administram a empresa são desonestas e utilizam o seu dinheiro para comprar casas, roupas e fazer viagens em vez de utilizá-lo na empresa, mentem sobre determinados aspectos da empresa, comentam lucros passados ou futuros que não existem, afirmam ter contratos para a venda dos produtos quando isso não é verdade ou apresentam números falsos nos demonstrativos financeiros para enganar os investidores.
- Os consumidores não querem comprar os produtos dessa empresa.
- Os concorrentes são melhores do que ela.
- A gestão da empresa é um fracasso, gasta dinheiro demais e as despesas são maiores do que as receitas.

- Outros investidores, para os quais você precisaria vender, acham que o negócio é ruim e você só poderá vender com prejuízo.
- A empresa fica ultrapassada tecnologicamente.

Normalmente é muito difícil para os investidores se tornarem especialistas em várias empresas. Quais são as melhores empresas? Concessionárias de energia elétrica, siderúrgicas ou de telecomunicações? Assim, na maioria das vezes, os investidores têm de recorrer a profissionais treinados em analisar empresas e em recomendar aquelas que apresentem uma probabilidade maior de gerar lucros.

O que é Poupança e Investimento?

Os recursos necessários para uma aplicação provêm da parcela não consumida da renda, a qual se dá o nome de poupança. Qualquer pessoa que tenha uma poupança (por menor que seja seu valor) ou uma disponibilidade financeira pode efetuar um investimento, dele esperando obter:

- reserva para qualquer despesa imprevista e uma garantia para o futuro – **segurança;**
- boa remuneração – **rentabilidade;**
- esperança de ver crescer o capital empregado – **valorização;**
- defesa contra eventual desvalorização do dinheiro – **proteção;**
- oportunidade de associação com empresas dinâmicas – **desenvolvimento econômico;**
- rápida disponibilidade do dinheiro aplicado – **liquidez.**

Por que e onde Investir

Todo investidor busca a otimização de três aspectos básicos em um investimento: retorno, prazo e proteção. Ao avaliá-lo, portanto, deve estimar sua rentabilidade, liquidez e grau de risco. A rentabilidade é sempre diretamente relacionada ao risco. Ao investidor cabe definir o nível de risco que está disposto a correr, em função de obter uma maior ou menor lucratividade Investimentos Imobiliários

Envolvem a aquisição de bens imóveis, como terrenos e habitações. Para a economia como um todo, entretanto, a compra de um imóvel já existente não constitui investimento, mas apenas transferência de propriedade. Os objetivos do investidor em imóveis são geralmente distintos daqueles almejados pelos que procuram aplicar em valores mobiliários, sobretudo no que se refere ao fator liquidez de um e de outro investimento.

Investimentos em Títulos

Abrangem aplicações em ativos diversos, negociados no mercado financeiro (de crédito), que apresentam características básicas com referência a:

- renda - variável ou fixa;
- prazo - variável ou fixo;
- emissão - particular ou pública.

Renda – A renda é fixa quando se conhece previamente a forma do rendimento que será conferida ao título. Nesse caso, o rendimento pode ser pós ou prefixado, como ocorre, por exemplo, com o certificado de depósito bancário. A renda variável será definida de acordo com os resultados obtidos pela empresa ou instituição emissora do respectivo título.

Prazo – Há títulos com prazo de emissão variável ou indeterminado, isto é, não têm data definida para resgate ou vencimento, podendo sua conversão em dinheiro ser feita a qualquer momento. Já os títulos de prazo fixo apresentam data estipulada para vencimento ou resgate, quando seu detentor receberá o valor correspondente à sua aplicação, acrescido da respectiva remuneração.

Emissão – Os títulos podem ser particulares ou públicos. Particulares, quando lançados por sociedades anônimas ou instituições financeiras autorizadas pela CVM ou pelo Banco Central do Brasil, respectivamente; públicos, se emitidos pelos governos federal, estadual ou municipal. De forma geral, as emissões de entidades públicas têm o objetivo de propiciar a cobertura de déficits orçamentários, o financiamento de investimentos públicos e a execução da política monetária.

Principais Ativos

Ativos Privados de Renda Variável

Ações

As ações são títulos de renda variável, emitidos por sociedades anônimas, que representam a menor fração do capital da empresa emitente. Elas podem ser escriturais ou representadas por cautelas ou certificados. O investidor em ações é um co-proprietário da sociedade anônima da qual é acionista, participando dos seus resultados. As ações são conversíveis em dinheiro, a qualquer tempo, pela negociação em bolsas de valores ou no mercado de balcão. As ações podem ser:

- **Ordinárias** – proporcionam participação nos resultados da empresa e conferem ao acionista o direito de voto em assembléias gerais.
- **Preferenciais** – garantem ao acionista a prioridade no recebimento de dividendos (geralmente em percentual mais elevado do que o atribuído às ações ordinárias) e no reembolso de capital, no caso de dissolução da sociedade.

Formas

- **Nominativas** – cautelas ou certificados que apresentam o nome do acionista, cuja transferência é feita com a entrega da cautela e a averbação de termo, em livro próprio da sociedade emitente, identificando novo acionista.
- **Escriturais** – ações que não são representadas por cautelas ou certificados, funcionando como uma conta corrente, na qual os valores são lançados a débito ou a crédito dos acionistas, não havendo movimentação física dos documentos.

Rentabilidade

É variável. Parte dela, composta de dividendos ou participação nos resultados e benefícios concedidos pela empresa, advém da posse da ação; outra parte advém do eventual ganho de capital na venda da ação.

- **Dividendos** – A participação nos resultados de uma sociedade é feita sob a forma de distribuição de dividendos em dinheiro, em percentual a ser definido pela empresa, de acordo com os seus resultados, referentes ao período correspondente ao direito. Quando uma empresa obtém lucro, em geral é feito um rateio, que destina parte deste lucro para reinvestimentos, parte para reservas e parte para pagamento de dividendos.
- **Juros sobre o Capital Próprio** – As empresas, na distribuição de resultados aos seus acionistas, podem optar por remunerá-los por meio do pagamento de juros sobre o capital próprio, em vez de distribuir dividendos, desde que sejam atendidas determinadas condições estabelecidas em regulamentação específica.

- **Bonificação em Ações** – Advém do aumento de capital de uma sociedade, mediante a incorporação de reservas e lucros, quando são distribuídas gratuitamente novas ações a seus acionistas, em número proporcional às já possuídas.

- **Bonificações em Dinheiro** – Excepcionalmente, além dos dividendos, uma empresa poderá conceder a seus acionistas uma participação adicional nos lucros, por meio de uma bonificação em dinheiro.

- **Direitos de Subscrição** – é o direito de aquisição de novo lote de ações pelos acionistas — com preferência na subscrição — em quantidade proporcional às possuídas, em contrapartida à estratégia de aumento de capital da empresa.

- **Venda de Direitos de Subscrição** – Como não é obrigatório o exercício de preferência na subscrição de novas ações, o acionista poderá vender a terceiros, em bolsa, os direitos que detém.

- **Opções sobre Ações** – São direitos de compra ou de venda de um lote de ações, a um preço determinado (preço de exercício), durante um prazo estabelecido (vencimento). Para se adquirir uma opção, paga-se ao vendedor um prêmio. Os prêmios das opções são negociados em Bolsa.

    Sua forma é escritural e sua negociação é realizada em bolsa de valores. A rentabilidade é dada em função da relação preço/prêmio, existente entre os momentos de compra e venda das opções.

- **Opções de Compra** – São aquelas que garantem a seu titular o direito de comprar do lançador (o vendedor) um lote determinado de ações, ao preço de exercício, a qualquer tempo até a data de vencimento da opção.

- **Opções de Venda** – São aquelas que garantem a seu titular o direito de vender ao lançador (vendedor da opção) um lote determinado de ações, ao preço de exercício, na data de vencimento da opção.

Como é possível ter diferentes posições, tanto titulares como lançadoras em opções de compra e/ou opções de venda, pode-se formar diversas estratégias neste mercado, segundo a maior ou menor propensão do investidor ao risco.

Tanto o titular como o lançador de opções (de compra ou de venda) podem, a qualquer instante, sair do mercado, pela realização de uma operação de natureza oposta.

Operações em Margem

Modalidade operacional em bolsas de valores, no mercado a vista, pela qual o investidor pode vender ações emprestadas por uma corretora, ou tomar dinheiro emprestado numa corretora para a compra de ações.

Banco de Títulos CBLC - BTC

Serviço de empréstimo de títulos, disponível por meio do sistema eletrônico, no qual os participantes da Custódia Fungível da CBLC, atuando como doadores e tomadores, podem registrar suas ofertas, bem como efetuar o fechamento de operações de empréstimo.

Clube de Investimentos

Instrumento de participação dos pequenos e médios investidores no mercado de ações, que pode ser administrado por uma sociedade corretora, distribuidora, banco de investimento ou banco múltiplo com carteira de investimento. A participação é feita pela aquisição de quotas iguais, representativas de uma parcela do patrimônio do clube e sua rentabilidade depende do desempenho dos títulos componentes de sua carteira. Difere-se dos fundos mútuos pelo limite de participantes — máximo de 150, sendo que é assegurado a cada membro o direito de aumentar o número de suas quotas, por novos investimentos, até o limite máximo de 40% das quotas existentes — e pela possibilidade de participação na gestão dos recursos da carteira do clube.

- **Clube de Investimento - FGTS** Caracteriza-se pelo condomínio constituído exclusivamente por pessoas físicas, que o utilizem para aplicar parcela de seu Fundo de Garantia do Tempo de Serviço - FGTS, na aquisição de cotas de Fundos Mútuos de Privatização - FGTS. As cotas do Clube de Investimento - FGTS correspondem a frações ideais em que se divide o seu patrimônio, assumindo a forma escritural e assegurando a seus detentores direitos iguais.

Fundos Mútuos de Investimento

Condomínio aberto ou fechado de investidores, para aplicação de recursos em uma carteira diversificada de títulos e valores mobiliários, em forma de quotas. Podem ser administrados por sociedades corretoras, distribuidoras, bancos múltiplos com carteira de investimento e bancos de investimento, e devem dispor em seu regulamento sobre os ativos que poderão compor suas carteiras de aplicações.

As quotas do Fundo Mútuo de Investimento correspondem a frações ideais do seu patrimônio e assumem a forma nominativa ou escritural.

Fundo Mútuo de Investimento em Ações

- **Carteira Livre** – Constituído sob a forma de condomínio aberto ou fechado, é uma comunhão de recursos destinados à aplicação em carteira diversificada de títulos e valores mobiliários.

    Deverá manter, diariamente, no mínimo 51% do seu patrimônio aplicado em ações e opções sobre índices de ações.

- **Fundo Mútuo de Ações** – Forma de Investimento que aplica, diariamente, no mínimo 51% de seu patrimônio em ações.

Fundo de Investimento Financeiro (FIF)

Fundo de investimento constituído sob a forma de condomínio aberto, cujo patrimônio destina-se à aplicação em carteira diversificada de ativos financeiros e demais modalidades operacionais disponíveis no âmbito do mercado financeiro. Para fins de resgate, suas quotas devem ser atualizadas a intervalos mínimos de 30 dias, contados a partir da data de emissão.

Fundo de Investimento Financeiro - Curto Prazo

Sua constituição é regida pelas mesmas normas do Fundo de Investimento Financeiro (FIF), com a diferença de que este fundo admite o resgate de quotas a qualquer tempo, com rendimento diário.

Fundo de Aplicação em Quotas de Fundos de Investimento Financeiro

Tem por objetivo exclusivo a aplicação de recursos em quotas de fundos de investimento financeiro e demais fundos de investimento que vierem a ser especificados.

Fundo Imobiliário

Fundo de investimento constituído sob a forma de condomínio fechado, cujo patrimônio é destinado a aplicações em empreendimentos imobiliários. As quotas desses fundos, que não podem ser resgatadas, são registradas na CVM, podendo ser negociadas em bolsas de valores ou no mercado de balcão.

Fundo Mútuo de Investimento em Empresas Emergentes

Constituído sob a forma de condomínio fechado, é uma comunhão de recursos destinados a aplicação em carteira diversificada de valores mobiliários de emissão de empresas emergentes. Entende-se como empresa emergente, a companhia que satisfaça os seguintes parâmetros:

- Tenha faturamento líquido anual inferior ao equivalente a R$ 60 milhões;
- Não seja integrante de grupo de sociedades com patrimônio líquido consolidado maior ou igual a R$ 120 milhões.

Tal como nos clubes de investimento, a rentabilidade de um fundo mútuo é dada em função do comportamento dos títulos que compõem sua carteira.

Fundo Mútuo de Privatização - FGTS

Constituído sob a forma de condomínio aberto, é uma comunhão de recursos destinados à aquisição de valores mobiliários no âmbito do Programa Nacional de Desestatização e de Programas Estaduais de Desestatização. É formado, exclusivamente, por recursos de pessoas físicas participantes do FGTS, diretamente ou por intermédio de clubes de investimento. Suas cotas são integralizadas, exclusivamente, com recursos integrantes da conversão parcial dos saldos do FGTS dos respectivos participantes.

Opções de Compra Não-padronizadas (*Warrants*)

Warrant de compra é um título que dá ao seu possuidor o direito de comprar um ativo financeiro a um preço predeterminado (preço de exercício), em um prazo também predeterminado. O emissor da Warrant pode ser a própria empresa emissora do ativo subjacente à Warrant, ou qualquer instituição que detenha em sua carteira de investimentos uma grande quantidade de ações emitidas por outra instituição.

Recibo de Carteira Selecionada de Ações - RCSA

O RCSA é um recibo que representa uma carteira preestabelecida de ações, cujas quantidades são fixadas e perfeitamente conhecidas antes de sua constituição. Os papéis integrantes dos RCSAs devem ser depositados em custódia antes de sua emissão e, uma vez constituídos, os recibos são negociados na BOVESPA como se fossem um título qualquer, com seu valor sendo determinado pelo mercado. A principal característica do RCSA é que ele permite que o investidor compre ou venda um conjunto de ações por meio de uma única operação.

Ativos Privados de Renda Fixa

Debêntures e Debêntures Conversíveis em Ações

Títulos emitidos por sociedades anônimas, representativos de parcela de empréstimo contraído pela emitente com o investidor, a médio e/ou longo prazos, garantidos pelo ativo da empresa.

No caso de debêntures não conversíveis, o empréstimo é liquidado normalmente no prazo previsto. Quanto às debêntures conversíveis em ações, o investidor poderá, em prazos determinados e sob condições previamente definidas, optar pela conversão de seu valor em ações, incorporando-o ao capital da sociedade emitente. Todas as condições pertinentes à emissão, prazos, resgates, rendimentos, conversão em ações e vencimento de debêntures são obrigatoriamente fixados em assembléia geral de acionistas.

Commercial Papers

Títulos de emissão de sociedades anônimas abertas, representativos de dívida de curto prazo (mínimo de 30 e máximo de 360 dias).

Letras de Câmbio

Emitidas por sociedades de crédito, financiamento e investimento, para captação de recursos para financiamento da compra de bens de consumo durável ou do capital de giro das empresas. São lançadas na forma nominativa, têm renda fixa e prazo certo de vencimento.

Bônus

Título emitido por uma sociedade anônima de capital aberto, dentro do limite do capital autorizado, que confere a seu titular, nas condições constantes do certificado, direito de subscrever ações, que será exercido contra apresentação do bônus à companhia e pagamento do preço de emissão.

Letras Imobiliárias

Títulos emitidos por sociedade de crédito imobiliário, com garantia da Caixa Econômica Federal, para a captação de poupança destinada ao Sistema Financeiro da Habitação.

Cadernetas de Poupança

Emitidas nominativamente por sociedade de crédito imobiliário, associações de poupança e empréstimos e caixas econômicas estaduais e federal, com o objetivo de captar recursos para o financiamento de construtores e adquirentes de imóveis. As aplicações são corrigidas a cada período de 30 dias pela Taxa Referencial (TR) do período, e remuneradas com uma taxa de juros de 0,5% ao mês. Podem ser resgatadas sem perda da remuneração a cada "aniversário" de 30 dias, a partir da data da aplicação.

Certificados de Depósito Bancário - CDB

Títulos representativos de depósitos a prazo determinado, emitidos por bancos de investimentos e comerciais, negociáveis antes de seu vencimento, por meio de endosso.

Segundo a remuneração oferecida, podem ser pós ou prefixados. Os CDBs prefixados estabelecem *a priori* a taxa de remuneração pelo período do investimento. Os CDBs pós-fixados são remunerados por uma taxa de juros aplicada sobre o valor do investimento corrigido pela TR ou IGP-M do período da aplicação.

Recibos de Depósito Bancário - RDB

Têm as mesmas características do CDB, com a diferença de não serem negociados em mercado.

Ativos Públicos de Renda Fixa

Bônus do Banco Central (BBC), Notas do Tesouro Nacional (NTN), Letras Financeiras do Tesouro (LFT) e Notas do Banco Central (NBC).

Atualmente, a execução da política monetária é feita pela colocação desses títulos nas instituições financeiras, por intermédio de leilões que podem ter periodicidade semanal.

Letras Financeiras dos Tesouros Estaduais - LFTE

Também denominadas Títulos da Dívida Pública Estadual. São emitidas para atender às necessidades de caixa e aos desequilíbrios orçamentários dos governos estaduais.

Letras Financeiras dos Tesouros Municipais - LFTM

Representam empréstimos municipais. São emitidas para que seja possível o financiamento de obras públicas.

Estratégias de Negociação

Por que Comprar Ações? Um investidor adquire ações com o objetivo de obter um ganho, uma lucratividade. Esse retorno será proveniente dos direitos e proventos distribuídos – dividendos, bonificações e direitos de subscrição – aos acionistas pela companhia e da eventual valorização do preço das ações. Esses fatores, por sua vez, dependerão do desempenho da empresa e de suas perspectivas futuras.

Por que Vender Ações? Um investidor vende ações para obter liquidez, isto é, para convertê-las em dinheiro, que será utilizado na aquisição de novos títulos ou em outro destino qualquer. Uma ação normalmente é vendida quando o investidor avalia que suas perspectivas a médio e longo prazos são relativamente menos favoráveis em comparação a outras ações ou mesmo outras alternativas de investimento.

Você deve sempre fazer perguntas sobre os investimentos que pretende realizar, sem se preocupar se são bobas ou não.

Eis algumas perguntas que você deve fazer ao selecionar uma assessoria profissional de investimento:

- Que treinamento e experiência você tem? Há quanto tempo você trabalha na área?
- Qual é a sua filosofia de investimento? Você assume muitos riscos ou se preocupa mais com a segurança do meu dinheiro?
- Como você é pago? Por comissão? Pelo valor dos ativos que você administra? Por outro método?
- Descreva o seu cliente típico. Você pode me fornecer como referência nomes de pessoas que investem com você há muito tempo?
- Quais os impostos e taxas que terei que pagar?
- Qual o meu custo total para negociar com você?
- Quais as garantias que tenho ao investir no mercado?

O profissional que o estiver assessorando deve ter conhecimento de seus objetivos de investimento, ou seja, se você está poupando para a compra de casa própria, para a educação dos seus filhos ou para gozar uma aposentadoria confortável.

O seu profissional de investimento deve também conhecer a sua tolerância ao risco. Isto é, até quanto você está disposto a perder, caso o valor de um de seus investimentos vier a decrescer.

O melhor profissional de investimento é aquele que compreende integralmente os seus objetivos e faz recomendações de investimento voltadas para as suas metas. Deve ser alguém em quem você possa confiar, pois o seu profissional de investimento deve ensiná-lo sobre como e em que produtos investir.

Consultor de Investimento
Orienta o cliente, sem poder de decisão no processo de compra e venda de valores mobiliários.
Administrador de Carteira
Administra carteira de valores mobiliários de clientes (pessoas físicas, jurídicas e investidores institucionais).
Analista de Mercado de Capitais
Analisa as opções de investimento no mercado, mas não está autorizado a indicar alternativas de investimento.
AGENTE AUTÔNOMO DE INVESTIMENTO
Não é credenciado pela CVM. Trata-se de um agente dos integrantes do sistema de distribuição de valores mobiliários (corretoras e bancos com carteira de investimento), agindo por conta e ordem desses. Deve estar registrado no registro Geral de Agentes Autônomos de Investimento (RGA).

Fonte: Comissão de Valores Mobiliários – CVM

ADQUIRINDO SEGURANÇA FINANCEIRA

Não desenvolvendo uma estratégia consistente ou planejar criar riqueza a longo prazo é indício de outra das Feridas da Riqueza. Eu também já falei sobre três tipos de planos que nós precisamos desenvolver: um plano para atrair dinheiro em primeiro lugar; um plano para administrar e investir seu dinheiro; e um plano sobre como verdadeiramente desfrutar seu dinheiro de forma que seu cérebro una prazer à isto e diga, "Uau, eu quero mais disto!"

Porém, nem mesmo o melhor plano do mundo adiantará se você não livrar-se ou cuidar da primeira Ferida da Riqueza. Você tem que associar toneladas de prazer para desenvolver abundância financeira e riqueza, e eliminar suas velhas, falsas, e negativas associações de que ter dinheiro seria doloroso.

Enquanto você tiver essas velhas associações, você sabotará seu próprio sucesso. (A propósito, nós fazemos um processo no seminário Excelência Financeira como também no seminário Desperte Seu Gigante Interior num único final de semana para lhe ajudar a fazer esta mudança.) Uma vez que você fez tem o dinheiro para investir como um imperativo, você tem que ter um plano então é o próximo passo óbvio para o sucesso a longo prazo.

Como você pode construir e assegurar sua segurança de longo prazo. A seguir você verá os **Sete Passos Simples para seguramente dobrar seu dinheiro a cada cinco a seis anos.**

Vejamos:

- **Primeiro Passo:** Escolha uma companhia que você gostaria de investir e saiba a sua história.

- **Segundo Passo:** Leia os relatórios anuais e selecione as ações que você gostaria de investir nelas - de cinco a dez indústrias diferentes para realizar a sua diversificação.
- **Terceiro Passo:** Todos os meses, invista a mesma quantia de dinheiro (fixo) em suas propriedades acionárias atuais.
- **Quarto Passo:** Reinvista todos os seus dividendos obtidos em suas ações.
- **Quinto Passo:** Compre suas ações do modo mais barato possível.
- **Sexto Passo:** Ao final de cada ano, revise as companhias que você possui ações, para ver se elas ainda estão na lista das Melhores Companhias (i.e.: que elas continuaram dando-lhe outro ano sucessivo de mais altos dividendos e/ou de salários mais elevado por ação).
- **Sétimo Passo:** Só venda a ação se a companhia caiu da lista das Melhores Companhias ou se você achou uma companhia melhor na lista.

Você pode ter a vantagem de ganhar três por cento... e com isto ganhar 15 por cento ao ano (com toda a certeza!)

Há mais de 16.000 ações que são comercializadas publicamente. Como já foi anunciado, durante os últimos 50 anos, o mercado de valores americano (S&P 500) devolveu uma média de 12 por cento a seus acionistas.

A pergunta é, como você pode descobrir quais as companhias de qualidade em tempos bons como também nos ruins?

Através da modelagem de experts no mercado financeiro descobriu-se uma fórmula muito simples para se fazer isto. Se você estreitar sua lista para apenas as companhias com pelo menos 10 anos diretos de mais altos salários e/ou mais altos dividendos por ação, você terá as companhias com um tremendo registro de seu rasto de sucesso consistente (rentabilidade). Quando se começou esta pesquisa, descobriu-se que dentre as 16.000 companhias americanas, apenas 417 tinham estas qualidades no ano de 1995, e com isto ajustavam-se a este critério. Estas companhias representavam o melhor, as companhias que correspondem aos "3% do topo", as quais o norte-americano Bill Staton as chama de as Melhores Companhias da América.

Estas companhias proveram um adicional de três por cento a mais por ano em média - ao invés de apenas uns 12 por cento de retorno - o retorno foi de 15 por cento, o que permitiu a seus acionistas **dobrarem seu capital** (dinheiro) aproximadamente a **cada cinco anos**.[14]

Além disso, como você poderia adivinhar, muitas destas companhias aumentaram em valor para 600 por cento ou até mesmo 1.500 por cento, obviamente, aumentando com isto a sua taxa de retorno.

Em 1997, 407 companhias fizeram parte da lista AFC, sendo que oitenta e cinco destas companhias tinha um mínimo de 10 anos diretos de mais altos salários por ação. Trezentos e oitenta e seis qualificaram-se com dividendos; e sessenta e quatro conseguiram fazer isto em ambos. Duzentas e noventa e três destas companhias têm planos de reinvestimentos de dividendos.

Estes investidores modelados, defendem-se investindo em um grupo de oito a dez destas "Companhias de Qualidade" e permanecendo com elas, a menos que em sua pesquisa anual, descubram que elas já não possuem um padrão de sucesso continuado (i.e.: elas perderam um ano de dividendos e/ou de salários aumentados por ação).

Em nosso programa da Universidade da Excelência, nós ensinamos detalhadamente os "Sete Passos Simples para Seguramente Dobrar o Total de Seu Dinheiro num período de 5 a 6 Anos".

Perguntas Para Lidar no Campo das Aplicações Financeiras

Perguntas Sobre Investimentos em Ações ou Debêntures

- Essa companhia está registrada na CVM ?
- Que informações e com que periodicidade essa companhia está obrigada a fornecer à CVM?
- A corretora ou a distribuidora está autorizada a funcionar?
- Esse administrador de carteira é registrado na CVM?
- Qual será a remuneração desse investimento? (Dividendos, juros ou ganhos de capital)
- Quais são os custos totais (taxas e comissões) para comprar, manter e vender minha posição nesse investimento?
- Quais são os riscos do investimento?

---

[14] Em **MÉTODO 7PLF**, você aprenderá os Sete Passos Simples para Seguramente Dobrar Seu Dinheiro cada 5 a 6 Anos.

- Onde posso obter informações mais completas sobre o investimento? Posso conseguir os últimos relatórios financeiros ou prospectos da companhia na CVM?
- Existe algum mecanismo de proteção quando decidimos pela aplicação no mercado de valores mobiliários?
- Como posso acompanhar a movimentação da minha carteira? E a custódia?

Perguntas Sobre Fundos Mútuos

- Onde e como posso obter o regulamento do fundo?
- Que tipo de informações tenho direito de receber sobre o fundo?
- Qual a periodicidade com que devo receber informações?
- Qual o prazo para resgate?
- Qual foi o desempenho desse fundo até o momento? Onde posso obter informações imparciais sobre seu desempenho?
- Que posição ocupa em comparação com outros fundos semelhantes, ou ainda em relação a um índice de mercado?
- Que papéis compõem a carteira desse fundo? Com que freqüência esses papéis são trocados?
- Há na composição da carteira desse fundo algum valor mobiliário com alto grau de risco, como, por exemplo, derivativos?
- Quais são os riscos específicos de investimento nesse Fundo?

Como Devo Acompanhar os Meus Investimentos?

O investimento torna possível que o seu dinheiro trabalhe para você. Num certo sentido, o seu dinheiro passa a ser o seu empregado, e isso faz de você o patrão. Você deve manter esse seu empregado sob constante observação, para saber como ele, o seu dinheiro, está indo.

Certas pessoas gostam de observar as cotações da bolsa, diariamente, para acompanhar os seus investimentos. Isso talvez seja um pouco exagerado. Você acaba ficando muito preocupado com o "sobe-e-desce" do valor de mercado do seu investimento e acaba vendendo "na baixa" (quando, temporariamente, os preços caíram), enquanto a empresa continua apresentando um bom desempenho. Lembre-se sempre de que você está investindo a longo prazo.

Outras pessoas preferem acompanhar os seus investimentos uma vez por ano, o que, certamente, não é suficiente. O melhor para você, sem dúvida, seria algo intermediário, com base nos seus objetivos e nas características dos seus investimentos. Não é suficiente apenas acompanhar o desempenho do investimento. Você deve comparar esse desempenho em relação a um índice de rentabilidade semelhante, durante o mesmo período de tempo. Você também deve comparar as taxas e as comissões que está pagando com as que outros profissionais de investimento estão cobrando.

Embora você deva acompanhar o desempenho regularmente, você deve prestar muita atenção toda vez que aplicar seu dinheiro.

Toda vez que comprar ou vender um investimento (que fizer uma aplicação), você vai receber confirmação da instituição financeira. Certifique-se de que cada negócio foi realizado de acordo com as suas instruções. Verifique se o preço de compra ou de venda foi o mesmo indicado pelo intermediário financeiro. E compare as comissões ou as taxas cobradas com aquelas anteriormente informadas.

Cuidado com os negócios não autorizados em sua conta. Se você receber a confirmação de uma transação que não aprovou antecipadamente, ligue para o seu corretor. Pode ter sido um erro. Se isso acontecer mais de uma vez, comunique-se com a CVM. Lembre-se de que o profissional de investimento tem a obrigação de recomendar investimentos adequados aos seus objetivos e à sua tolerância ao risco. Ele não deve recomendar negócios simplesmente para gerar comissões, o que evidentemente seria uma operação irregular.

Charton Baggio Scheneider

CRIANDO A MASSA CRÍTICA QUE VOCÊ PRECISA

Aprenda como o poder da combinação interesse pode lhe ajudar a perceber seu sonho.

Comprar & Manter Investimentos

Para ter uma renda vitalícia, você necessita possuir um capital total acumulado de investimento para que este possa ser auto-suficiente – a massa crítica. Este deve ser grande o bastante, investido em um ambiente seguro a oito por cento de retorno, o qual, irá gerar sua renda anual desejada.

Anteriormente, você escolheu uma renda anual ao qual você desejava. Na Tabela abaixo, você poderá observar que para atingir este valor (que você escolheu anteriormente), será necessário que seja criado um plano financeiro efetivo, ao qual, irá formar a "**Massa Crítica**" que você precisará para alcançar sua renda anual vitalícia desejada; a qual, está disposta na coluna dois da presente tabela.

"As idéias e as estratégias são importantes, mas o verdadeiro desafio é a sua execução."
– Percy Barnevick

Renda Anual Desejada	"Massa Crítica" Necessária	Renda Anual Desejada	"Massa Crítica" Necessária
R$ 10.000	R$ 125.000	R$ 240.000	R$ 3.000.000
R$ 20.000	R$ 250.000	R$ 260.000	R$ 3.250.000
R$ 30.000	R$ 375.000	R$ 280.000	R$ 3.500.000
R$ 40.000	R$ 500.000	R$ 320.000	R$ 4.000.000
R$ 50.000	R$ 625.000	R$ 400.000	R$ 5.000.000
R$ 60.000	R$ 750.000	R$ 480.000	R$ 6.000.000
R$ 70.000	R$ 875.000	R$ 500.000	R$ 6.250.000
R$ 80.000	R$ 1.000.000	R$ 600.000	R$ 7.500.000
R$ 90.000	R$ 1.125.000	R$ 640.000	R$ 8.000.000
R$ 100.000	R$ 1.250.000	R$ 800.000	R$ 10.000.000
R$ 120.000	R$ 1.500.000	R$ 1.000.000	R$ 12.500.000
R$ 140.000	R$ 1.750.000	R$ 1.600.000	R$ 20.000.000
R$ 160.000	R$ 2.000.000	R$ 2.000.000	R$ 25.000.000
R$ 180.000	R$ 2.250.000	R$ 4.000.000	R$ 50.000.000
R$ 200.000	R$ 2.500.000	R$ 8.000.000	R$ 100.000.000
R$ 220.000	R$ 2.750.000		

O MODELO DE IMPULSO

O Modelo de Impulso lhe ensina como GANHAR DINHEIRO AGORA! Para usar este o Modelo de Impulso, você tem que acreditar que os rumores atuais ou notícias sobre a companhia e/ou do setor criará poderosamente um aumento rápido ou diminuirá o seu preço; e, que você pode tirar proveito deste impulso comprando na fase de rumor e vendendo quando as notícias saem ou brevemente após isso.

Então, como neste caso você não está comprando necessariamente um valor real, dê um passeio rápido na maré e tome cuidado. Se você for inteligente, você desenvolverá uma aproximação sistemática que lhe permitirá entrar cedo e adquirir e, rapidamente cair fora.

Você não precisa acreditar que irá conseguir um lucro máximo. Ao invés, você pode ficar satisfeito em atirar suas quatro argolas displicentemente. Veja a seguir, o que este modelo requer:

1. A habilidade para **identificar o impulso do mercado** e os aumentos/diminuições de preços nas notícias vinculadas - rapidamente.

2. A habilidade para **tomar decisões** rápidas, poderosas e correspondentes.

3. Um **estômago forte**, porque pode levar meses para construir algo que pode ser destruído em minutos.

Veja a seguir as Cinco Estratégias para o Seu Sucesso Rápido e Consistente[15]:

1. Qualidade nas fontes de informação imediatas e precisas - tempo é tudo.

2. Um completo entendimento dos vários veículos que podem lhe permitir tirar proveito do impulso de preços - aceleração e diminuição da velocidade.

---

[15] Para descobrir que estratégia você trabalha melhor, peça "JÁ" mais informações sobre o programa **Método 7PLF**.

3. Monitorar consistentemente de hora em hora, diariamente, semanalmente, ou mensal (dependendo da estratégia que empregou).
4. Um sistema efetivo para identificar, monitorar, medir, sair, e defender-se.
5. Administrar a cobiça.

Um plano financeiro é uma maneira de controlar e supervisionar o uso do dinheiro. O dinheiro, em si não tem valor; mas quando usado no comércio este adquire valor.

Por conseguinte, ao pensar sobre administração financeira, não considere o dinheiro como um fim em si mesmo, mas como um meio a ser utilizado na aquisição de coisas ou serviços. Sua atitude afetará a maneira como o emprega.

Os Oito Fundamentos Chave Para Desenvolver Um Plano Efetivo

Me deixe lhe oferecer oito fundamentos chave para desenvolver um plano efetivo para sua independência financeira:

Chave Nº 1: Entenda e Defina o Propósito de Seu Plano

Antes que você possa desenvolver um plano, você tem que determinar claramente quais são as suas metas de curto, médio e de longo prazo. O que você quer para este ano? Durante os próximos três a cinco anos? Durante os próximos 10-20 anos? Quais são suas últimas metas financeiras? Sem uma idéia clara do resultado que você quer, você realmente não pode reunir um plano efetivo.

E quanto mais certo você fica sobre o que você verdadeiramente deseja financeiramente, você começa a desenvolver poder. Sua mente se torna como um feixe de laser que pode o levar de onde você está para onde você deseja ir. Mas, você não pode alcançar um objetivo se você não sabe o que ele é!

Em nosso seminário Excelência Financeira, nós definimos independência financeira como o ponto quando você acumula muito dinheiro de forma que os juros sobre o capital lhe ofereçam uma renda anual que o permita viver o seu estilo de vida atual (ou melhor) pelo resto de sua vida sem ter que trabalhar novamente a menos que você escolha.

Assim o primeiro passo para desenvolvendo seu plano é descobrir quanta renda você precisa anualmente para ser financeiramente livre. Por exemplo, se uma pessoa precisasse de $50,000 dólares de renda por ano, e ela possa ganhar juros de aproximadamente 8% sobre seus investimentos, ela precisaria acumular

$625,000 dólares. Isso pode soar muito, mas usando algumas estratégias simples e o poder do crescimento combinados, qualquer um com uma pequena quantia de dinheiro para investir pode desenvolver este tipo de riqueza e liberdade.

CHAVE Nº 2: DESENVOLVER UMA FILOSOFIA EFETIVA DE INVESTIMENTOS

Uma vez que você sabe qual é a sua meta, a segunda chave é desenvolver uma filosofia efetiva de investimentos, um jogo de distinções que você usará para tomar decisões sobre suas escolhas de investimento futuras.

John Templeton, um dos maiores gerentes financeiros de nossos tempos, administra mais de $18 bilhões de dólares; para trabalhar pessoalmente com ele, seus clientes têm que investir um mínimo de $10 milhões; disse que não importa como quão especial você seja, você fará investimentos bons e ruins em sua vida. Mais que qualquer outra coisa, o que determina como você faz é sua filosofia financeira de investimentos global. Como você faz as suas decisões controlará o seu destino financeiro.

CHAVE Nº 3: TENHA CERTEZA SOBRE SEU PLANO FINANCEIRO

Tenha certeza de que seu plano esteja correto, específico e emocionalmente comprometido. O fator número um que determina sua filosofia de investimento é o que nós chamamos *tolerância ao risco*: Quanto risco você é capaz suportar confortavelmente fazendo um investimento? Tão simples quanto isto soa, saber quanto risco que você fica realmente confortável é absolutamente essencial. Muito freqüentemente as pessoas pulam para dentro de um investimento e não entendem a verdadeira quantia de risco envolvido. Só depois é que eles descobrem que eles estão num naufrágio emocional a todo momento e desejam saber se as suas economias de uma vida sobreviverão a sua decisão.

O propósito inteiro da abundância financeira é prover *liberdade* – liberdade de preocupação, liberdade de tempo, liberdade de energia. Se enquanto tentar construir riqueza você criar tremendas quantias de tensão, então você está dividindo a riqueza emocional que você tem hoje para um futuro incerto. Isso não é como se desenvolve a verdadeira independência financeira!

Seu QTR ("Quociente de Tolerância ao Risco"), como nós chamamos isto, determina que investimentos você deveria fazer e que tipo de retorno que você pode esperar. Que porcentagem você poria no que nós podemos chamar de seu "balde" de segurança? Que porcentagem você poria em algo que tem potencial para um maior retorno, mas também leva algum risco adicional?

Lembre-se desta regra de manuseio: **Nenhum risco é igual a nenhuma recompensa.** Eu sei que soa terrível, mas é assim. Se não há nenhum risco em nada, há apenas uma pequena ou nenhuma recompensa financeira para você. Se você quer uma pequena quantia de risco, você pode investir seu dinheiro em bônus do Tesouro, notas do Tesouro, ou AAA *corporate bonds* (laços incorporados), e você pode esperar lucros de 6-8%.

Com inflações à 5%, isto pode não soar excitante, mas de fato, todo plano de investimento deveria ter alguns recursos alocados a estes tipos de investimentos seguros. Isto lhe proporcionará até mesmo segurança econômica se outros investimentos não satisfizerem suas expectativas.

Você precisa também se lembrar disso, devolver sobre seus investimentos de 20%, 30%, 40% são certamente possíveis, mas para se aproximar desta taxa de retorno, há mais risco envolvido, e uma maior chance de perder seu capital inicial. Você deve estar certo em que quantia de risco você fica confortável.

A segunda parte para se fazer seu plano específico está em *decidir que tipos de coisas que você vai investir com antecedência*, assim, na primeira vez que alguém vem com um investimento que lhe soe bom, você não saltará para dentro. Você tem que desenvolver um jogo de critérios que diga, "Estes são os tipos de coisas que eu invisto, baseado no mercado".

Terceiro, *você tem que ter certeza de que seus investimentos estão emocionalmente comprometidos*. Ganhar dinheiro é uma coisa, mas se você pode ganhar dinheiro e pode desfrutar o processo, você realmente está evoluindo. Assim olhemos a quarta chave de sua filosofia de investimento:

Chave Nº 4: Determine Onde Investir

Você tem que determinar no que investir. Há três pontos para se fazer escolhas de bons investimento:

Primeiro, *você tem que se expor e se educar*. É muito importante descobrir todos os tipos diferentes de investimentos no mercado. Por exemplo, em Excelência Financeira, nós mostramos para as pessoas todos os tipos de investimento disponíveis – de coleções como de selos, à bens imóveis, passando para ações e laços (*bonds*) – e as vantagens, desvantagens, e a quantia de risco envolvidas em cada um. Se você realmente vai tirar proveito do mercado, você tem que saber o que está disponível.

Segundo, invista em algo que você possa desfrutar, de forma que não importa o que aconteça, você se sentirá grande sobre seu investimento. Invista em algo que o possibilite dizer/pensar, "Até mesmo se estiver acima do valor, para mim vai ser um preço justo, porque eu gosto de possuir isto". Faça investimentos que lhe proporcionem um tremendo crescimento de eqüidade.

Terceiro, *invista em algo que você entenda*. Você dificilmente encontrará um neurocirurgião ou um dentista investindo em poços de petróleo sobre os quais eles não sabem (entendem) nada. Há tantas outras coisas nas quais eles podem investir. Tente investir em algo onde você tem um pouco de conhecimento real, ou onde você tenha sócios com as informação que lhe ajudem a avaliar o verdadeiro valor – quais são os verdadeiros benefícios daquele produto, suas reais capacidades, seu potencial de mercado.

Chave Nº 5: Invista em Algo de Valor Real

Invista num valor real, não apenas na excitação atual. A maioria das pessoas pensam que um grande investimento é aquele mais que está provendo recentemente as gratificação mais quentes. Mas nove a cada dez vezes, até que você adquira aquela gratificação, muitas pessoas já compraram aquela ação, laço ou investimento, e o preço subiu. Há ainda uma boa chance de que a excitação atual (demanda), tenha empurrado o preço das ações para cima, além de seu verdadeiro valor. Este é um grande modo para perder dinheiro!

Até você ler sobre uma ação quente no *Wall Street Journal* ou que veja isto na televisão e saia para fazer uma compra, na maior parte do tempo você não estará adquirindo nada com um valor real. Você estará comprando no varejo, porque você está comprando quando está popular. Não invista apenas em ações. Faça o que os melhores gerentes de dinheiro no mundo fazem: **invista em companhias.**

Uma das coisas que nós ensinamos no seminário Excelência Financeira é como realmente analisar o verdadeiro valor de uma companhia. Não escolha seus investimentos baseado na emoção. Compre baseado em seu valor real. Desfrute do que você está investindo, sim, mas tenha certeza de que é um investimento inteligente por si mesmo.

Chave Nº 6: Foque no Longo Prazo

Sempre invista enfocando no sucesso a longo prazo. A maioria das pessoas nunca faz isto financeiramente porque elas estão atuando a curto prazo. Os japoneses dominam o mundo dos negócio hoje porque eles enfocam no longo prazo. Enquanto os negócio americanos estão olhando para os lucros durante o próximo trimestre, os negócios japonês tem um plano de ação de 100 anos para o sucesso no próximo século!

Uma análise dos cinco melhores gerentes financeiros nos últimos 15 anos, podemos ver que muitos deles estavam por trás do mercado a muito o tempo. Podemos ver ainda que as estatísticas de que os lucros destes gerentes financeiros eram três a quatro vezes a do mercado global no longo tempo. Se você está vivendo no curto prazo, você está em dificuldades. Você está caindo naquilo que eu chamo de **Síndrome do Niágara**. Você não está olhando à frente, você apenas está saltando no rio da vida, sendo puxado pela corrente. Antes de você conhecer isto, você não estará tomando decisões inteligentes, e um dia você se achará a dois metros das cataratas do Niágara em um barco sem remos dizendo, "Oh, me matem, eu cometi um engano". Bem, naquele ponto já é muito tarde – você vai levar uma queda financeira.

Pense sobre isto: **Por que a maioria das pessoas ganha dinheiro para comprar a sua casa própria?** Primeiro, elas estão certas das suas metas. Quando as pessoas investem em uma casa elas decidem: Quantos quartos e banheiros? Quantos metros quadrados? O que eles querem para esta casa? Eles se põem específicos.

Em segundo lugar, a maioria das pessoas tem certeza de que quando elas investem em uma casa, o seu investimento estará seguro. Eles contratam os profissionais para entrar e avaliar a casa. Eles conferem a documentação; eles conferem os tramites; eles conferem a construção física.

Em terceiro lugar, as pessoas não investem em uma casa a menos que elas sintam emocionalmente que será algo que elas vão gostar de pendurar as chuteiras. Eles não investem dizendo, "Bem, eu comprarei isto hoje, e se eu não gostar dela eu a venderei amanhã".

E a quarta chave é: A maioria das pessoas ganha dinheiro para possuir sua casa própria porque é um investimento a longo prazo. As pessoas que perdem dinheiro no mercado de bens imóveis é porque focaram na excitação atual que estava elevando o preço e eles quiseram saltar para dentro.

E então quando eles viram que o mercado estava caindo, eles tiveram medo e venderam com uma perda. Pense em longo prazo; fique dentro se você quer ter êxito. A propósito, saltando para dentro quando as coisas são populares, e saltando para fora quando elas são impopular, viola a sétima chave para seu plano:

CHAVE Nº 7: COMPRE QUANDO IMPOPULAR, VENDA QUANDO POPULAR

Para ter uma filosofia de investimento efetiva, aprenda a comprar o valor real quando é impopular, e venda-o quando for popular. Ou melhor ainda, compre algo que é muito caro mas por uma variedade de razões é ainda impopular hoje, e então figura um modo para melhorar este e fazê-lo popular mais cedo, assim você pode vendê-lo quando for popular e tirar um grande lucro.

Uma das coisa que John Templeton disse que o fez prosperar mais e mais foi a sua habilidade para comprar algo de valor real quando ainda era impopular. Por exemplo, o medo sobre a posse chinesa de Hong Kong em 1997 fez com que os preços das ações de lá mergulhassem. Porém, a pesquisa de Templeton mostrou para certas companhias que a China precisaria continuar sendo operacional como na sua forma atual para ver com o Oeste. A sua pesquisa fez acreditar-se que estas companhias tinham um valor verdadeiro, mas por causa do medo atual, elas podiam ser compradas para uma fração do seu valor verdadeiro. John então comprou ação dessas companhias para ele e seus clientes de forma que quando (como ele acredita) a situação da China se estabilizar, essas ações ficarão populares novamente. Com isto, ele terá feito uma fortuna porque ele comprou valor real quando era impopular, e ele as venderá quando for novamente popular.

CHAVE Nº 8: DIRIJA SUAS EMOÇÕES

Mais importante ainda, tenha certeza de que você dirige suas emoções em seu plano de investimento. Lembre-se construir riqueza não é apenas uma estratégia física sobre o que e quando investir. Construir riqueza é baseado em sua habilidade para administrar suas emoções.

Você tem que poder abafar o desejo para satisfação instantânea, e ter coragem quando outras pessoas estão temerosas. De fato, se você quer ser pobre, aqui está uma fórmula simples: Resgate a cobiça, e venda quando você estiver temeroso. Isso é um modo garantido para grandes perdas.

Me deixe lhe dar um exemplo. Quando as pessoas pensam que elas podem adquirir algo por nada, i.e., elas têm notícias de outros que eles vão fazer uma grande matança de uma ação, a sua cobiça os fazem comprar sem confirmar o valor real do produto. Eles querem isto agora; eles não querem omitir. O que eu aprendi em minha vida é que há investimentos mais bons do que o suficiente, e às vezes um investimento perde valor para se ajustar ao mercado novamente.

Vender por medo é o momento errado para se vender, como justificativa. Quando as pessoas pensam que elas estão a ponto de perder o seu investimento, elas freqüentemente farão qualquer coisa para se livrarem do que elas possuem. Este normalmente é um engano. Todo o mundo perdeu dinheiro quando o mercado de valores quebrou em outubro 1987? Ninguém – as pessoas que perderam dinheiro tinha comprado ações populares a um valor inchado.

Quando o mercado quebrou, essas ações se nivelaram novamente ao seu valor verdadeiro. Mas só esses que compraram ações com seu valor além do seu valor real, e então as venderam porque elas tiveram medo de que elas nunca voltariam o seu dinheiro, foram as pessoas que perderam.

Pessoas que compraram ações pelo seu valor e que se agarraram nelas e não as venderam naquele dia não perderam dinheiro. Eles tiveram uma perda de papel temporária, sim. Mas desde então um número grande dessas ações não só ressaltou, como elas adquiriram mais força que antes do mercado de valores quebrar.

Estas pessoas deram uma olhada e disseram, "Esta companhia a qual eu investi ainda é justo o que eu paguei por estas ações", e hoje eles ganharam dinheiro. Esses que operaram sobre o medo e venderam, tiveram grandes perdas.

Lembre-se: Se você compra algo que tem valor real por menos do que vale, se agarre para isto até que seja popular, e venda quando for popular, assim você terá grandes dividendos. Resgate a cobiça, venda quando estiver com medo, e você sempre será pobre em condições financeiras.

Comece a se encarregar de sua abundância financeira fazendo a lição seguinte:

1) tenha clareza sobre o que significa para você independência financeira.
2) desenvolva um plano detalhado e específico e sua filosofia que o apoiará a alcançar esta meta.
3) entre suas primeiras ação ordene este plano dentro de 90 dias como um máximo absoluto. **Lembre-se de que saber o que fazer não é o bastante. Faça o que você sabe.**

Eu olho adiante e ouço a história de seu sucesso pessoal e financeiro. Eu adoraria receber notícias suas me contando de seu progresso e de sua experiência pessoal – escreva-me, ficarei realmente lisonjeado. Até da próxima vez, lembre-se: **Energize-se, desfrute sua vida, e viva com paixão!**

BIBLIOGRAFIA

ANDREAS, Steve & FAULKNER, Charles – PNL – A Nova Tecnologia do Sucesso. Campus, Rio de Janeiro, RJ, 1995.

BUSH, Catherine – Os Grandes Líderes: Gandhi, Nova Cultural, São Paulo, SP, 1987.

CAMERON-BANDLER, Leslie & LEBEAU, Michael – O Refém Emocional, Summus, São Paulo, SP, 1993.

CD'Rom – Almanaque do Século XX – Time Almanac of the 20th century.

_____ – Compton's Enciclopédia, 1996.

_____ – Encarta Encyclopedia 96 - Microsoft

_____ – Exame: o melhor dos anos 90.

COOPER, Robert & SAWAF, Ayman – Inteligência Emocional na Empresa, 2ª ed., Campus, São Paulo, SP, 1997.

COVEY, Stephen R. – Os 7 Hábitos das Pessoas Muito Eficazes, 15ª ed., Best Seller, São Paulo, SP, 1989.

DILTS, Robert – Crenças: caminhos para a saúde e o bem-estar, Ed. Summus, São Paulo, SP, 1993.

FRANKENBERG, Louis – Seu Futuro Financeiro, Campus, São Paulo, SP, 1999.

FRANKLIN, Benjamin – Autobiografia, Ediouro, Rio de Janeiro, RJ.

GOLEMAN, Daniel – Inteligência Emocional, 3ª ed., Objetiva, Rio de Janeiro, RJ, 1996.

_____ – Trabalhando com a Inteligência Emocional, Objetiva, Rio de Janeiro, RJ, 1999.

JAMES, Tad – Criando Seu Futuro Com Sucesso, Eko, Blumenau, SC, 1993.

JAMES, Tad & WOODSMALL, wyatt – A Terapia da Linha do tempo – e a base da personalidade, Eko, Blumenau, SC, 1994.

KLINK, Amyr – Paratii: entre dois polos, Companhia das Letras, 15ª ed., São Paulo, SP, 1992.

LOWE, Janet, Warren Buffett: dicas e pensamentos do maior investidor do mundo, Editora Campus, RJ, 1998.

LYNCH, Daniel C. & LUNDQUIST, Leslie – Dinheiro Digital: o comércio na internet, Campus, São Paulo, SP, 1996.

LYNCH, Dudley & KORDIS, Paul L. – A Estratégia do golfinho: a conquista de vitórias num mundo caótico, Cultrix/Amana, São Paulo, SP, 1993.

McCARTHY, Michael J. – Domine la Era de la Información – Robinbook, Barcelona, 1991.

MANDINO, Og – A Universidade do Sucesso, 3ª ed., Record, Rio de Janeiro, RJ, 1985.

PETERS, Tom – O Círculo da Inovação. Harbra, São Paulo, SP, 1998.

_____ – Tempos Loucos Exigem Organizações Malucas. Harbra, São Paulo, SP, 1995.

PFEFFER, Jeffrey – The Human Equation, Harvard Business School Press, 1998.

RIBEIRO, Lair – O Sucesso Não Ocorre Por Acaso, 113ª ed., Objetiva, Rio de Janeiro, RJ, 1996.

_____ – Prosperidade, Moderna, São Paulo, SP, 1998.

_____ – Como ter Sucesso, Editora Três, São Paulo, SP, 1995.

RITT Jr., Mitchael J. & LANDERS, Kirk – Napoleon Hill: uma vida rica, Record, Rio de Janeiro, RJ, 1996.

ROBBINS, Anthony – Desperte o Gigante Interior, Record, Rio de Janeiro, RJ, 1993.

_____ – Mensagens de Um Amigo, Record, Rio de Janeiro, RJ, 1996.

_____ – Personal Power II: the driving force!, Robbins Research International, San Diego, CA, USA, 1996.

_____ – Personal Power II: the driving force!, Robbins Research International, San Diego, CA, USA, 1990.

_____ – Poder Sem Limites, 16ª ed., Best Seller, São Paulo, SP, 1987.

ROBBINS, Anthony & McCLENDON III, Joseph – Poder Ilimitado – Uma escolha negra, Record, Rio de Janeiro, RJ, 1999.

SENGE, Peter M. – La Quinta Disciplina, Granica, Barcelona, 1993.

SENGE, Peter M. & at. out. – A Quinta Disciplina: Caderno de Campo, Qualitymark, Rio de Janeiro, RJ, 1995.

SHINYASHIKI, Roberto – Soluções em Tempos de Crise – nº 1. Encarte Jornal Zero Hora, RS, 1999.

_____ – Soluções em Tempos de Crise – nº 2. Encarte Jornal Zero Hora, RS, 1999.

www.ingramcontent.com/pod-product-compliance
Lightning Source LLC
Chambersburg PA
CBHW031943170526
45157CB00012B/1635